EL FACTOR DEL MESÍAS

EL FACTOR DEL MESÍAS

Por
TONY PEARCE

Lighthouse Trails Publishing
Eureka, Montana EE.UU.

El factor del Mesías
The Messiah Factor
©2004, 2017 Tony Pearce
First Edition 2010 New Wine Press (UK)
Third Edition 2017 Lighthouse Trails Publishing; 2019 Spanish Edition
(Ver información sobre la editorial e información de contacto del autor al dorso de la carátula del libro). Todos los derechos reservados. Ninguna parte de este libro puede ser reproducida, guardada en un sistema de recuperación o transmitida de ninguna manera, sea en forma electrónica, mecánica, fotocopia, grabación o de otra manera, sin previo permiso por escrito de la editorial. Extractos y citas pueden usarse sin permiso según las reglas de la US Fair Use Act. Las citas bíblicas corresponden a la Santa Biblia versión Reina-Valera 1960. Diseño de la carátula por Light for the Last Days, foto de la carátula es de bigstockphoto.com y utilizada con permiso. Todos los reconocimientos para las fotos se encuentran al final del libro, página 199. Many thanks to Sally Arias for translating this book into Spanish.

Nota: Los libros de Lighthouse Trails Publishing se pueden conseguir con descuentos especiales para pedidos en cantidad. Información de contacto de la editorial al final del libro.

Impreso en los Estados Unidos

DEDICATORIA

Este libro ha sido escrito con profundo agradecimiento a Nikki, mi primera esposa, que me ayudó en este ministerio hasta partir con el Señor en 1998; y a Barbara, mi segunda esposa, que me ayuda a continuar este ministerio.

Otros títulos por Tony Pearce

Countdown to Calamity: Current events in light of Biblical Prophecy

The Jews: Beloved by God, Hated by Many

Messiah, Israel, and the End Days

What is the World Heading For?

The Da Vinci Code

The Omega Course

REVISTAS

Light for the Last Days

Alpha & Omega

CONTENIDO

1/ ¿Quién decís que soy yo?   9

2/ ¿Quién mató a Jesús?   13

3/ Desde la noche   25

4/ Entonces, ¿qué del Mesías?   37

5/ El Mesías: ¿Un gran hombre o una persona divina?   47

6/ ¿Podemos creer en el nacimiento virginal?   65

7/ El siervo sufriente   83

8/ "Veré la sangre"   99

9/ La caída del Segundo Templo   109

10/ No paz, no Mesías   121

11/ ¿Es la Torá el puente a Dios?   139

12/ El Mesías y los últimos días   159

Apéndice: Las profecías mesiánicas   177

Notas finales   193

CAPÍTULO 1

¿QUIÉN DECÍS QUE SOY YO?

CESAREA DE FILIPO

El 27 de diciembre de 1979, visité Israel por primera vez con mi finada esposa Nikki, y mi hija Rachel. Nos estaban guiando unos amigos que vivían en Stella Carmel, cerca a Haifa. Mientras viajábamos por esta tierra antigua moderna, nosotros sentíamos una increíble sensación de destino y emoción, viendo no solo lugares de acontecimientos pasados, sino también del presente. Ese día en particular, nos dirijmos hacia el extremo norte, llegando a un lugar llamado Baneas, en las colinas de las Alturas de Golán.

Lo llamativo de este lugar era un templo al dios griego, Pan, y también su conexión con el Nuevo Testamento. Fue en Cesarea de Filipo, un asentamiento de los romanos, donde Jesús llegó con Sus discípulos, y les hizo un pregunta muy significativa: *"Quién decís que soy yo?"*

Al subir al templo de Pan, observé que las colinas arriba tenían un aspecto lúgubre y amenazante. Pensé en las batallas entre vida o muerte que habían tomado lugar entre los ejércitos de Israel y Siria en las guerras de 1967 y 1973. Pensaba en la labor de los soldados israelíes ahora de guardia mientras observaba las colinas desde dónde habían llegado guerra y destrucción no mucho tiempo atrás. Tenía presente la cercanía de la frontera con el Líbano y la intensa guerra civil que se llevó la vida de miles allí. En ese mismo momento, noticias de la invasión a Afganistán por los rusos también nos llegaron. No teníamos idea de que esos eventos más adelante contribuirían al colapso de la Unión Soviética, al surgimiento del terrorismo islámico con los Talibán y Al-Qaeda, y la "guerra global contra el terrorismo".

En Baneas, el templo de Pan puesto por los griegos, era dedicado al dios de la naturaleza, y de ahí viene el término *panteísmo*. Esta creencia es popular hoy en día con el movimiento de la Nueva Era, que dice que Dios se encuentra en todo (los árboles, la tierra, en la gente, en animales); y que todos formamos una unidad que nos conecta con la divinidad. En Cesarea de Filipos, Jesús el judío había hecho la pregunta que corta la neblina de la filosofía humana, y que es vitalmente relevante a toda la gente de la tierra, especialmente a los habitantes de esta misma región.

¿Quién decís que soy yo? ¿Era profeta, hombre bueno, engañador, alguien a quien despreciamos, o El a quien seguimos? ¿O es como contestó Pedro, "Tú eres el Cristo, el Hijo del Dios viviente" (Mateo 16:16)?

Esta pregunta es especialmente relevante a los dos pueblos en conflicto en esta tierra: los judíos y los árabes. Las religiones principales de ambos pueblos, el judaísmo y el islam, creen que Dios es uno solo, una unidad absoluta cuya naturaleza rechaza la idea cristiana de Dios como una entidad plural de Padre, Hijo y Espíritu Santo. Ambos rechazan la idea de que Jesús es el mediador, él que nos reconcilia con Dios y con otros. Pero ambos necesitan un mediador para reconciliarlos, en su lucha amarga sobre la tierra de Israel. Sin embargo, los judíos tienen a su favor las Escrituras, que revelan desde el principio que Dios se identifica como un solo Dios pero también como "nosotros" (Génesis 1:26).

JERUSALÉN

Una semana después, estuvimos en Jerusalén. Visitamos los lugares santos, incluyendo sinagogas, iglesias, mezquitas, el museo memorial del Holocausto, Yad va Shem, y Mea Sharim del sector de los judíos ultra-ortodoxos. En el último día de nuestra visita, fuimos a Getsemaní, el lugar del arresto de Jesús. Desde allí, bajamos hacia el valle Kidron. Como era un viernes por la tarde, quisimos visitar el Muro de las Lamentaciones y ver las celebraciones del sabat. Noté que había un camino que, según nuestro mapa, cortaba la distancia entre nosotros y nuestro destino. Dejando a Nikki y Rachel en el valle, fui a investigarlo. Subiendo una cresta estrecha, me di cuenta que había cometido una tontería. Dos niños árabes bajaron rápido desde un cementerio musulmán, y parados a ambos lados del camino, me exigieron entregarles mi dinero y amenazaron empujarme hacia abajo. Les entregué el dinero, y burlándose de mí, se alejaron.

Los seguí, alzando el puño con ira y temor. Sentí alivio, cuando después encontré seguras a Nikki y Rachel en el valle abajo. Les comenté lo acontecido mientras caminamos el valle, y sentí ira contra los niños que me habían robado. De repente, pensé en el lugar dónde me encontraba: posiblemente la ruta por donde los soldados habrían tomado a Jesús para llevarlo a la casa del sumo sacerdote Caifás la noche que fue arrestado. Me imaginé a El, caminando por aquí hacía más de 2000 años, y entendí que El me estaba diciendo, "Perdónalos, ora por ellos, ámalos".

Pasando por las calles de la Ciudad Antigua, llegamos hasta el Muro de las Lamentaciones. Ya avanzada la tarde, desde la mezquita Aqsa arriba, el almuecín llamaba a los musulmanes a la oración. Delante de nosotros, grupos de hombres judíos estaban congregados frente al Muro. Empezaron a danzar y cantar a Dios con gozo.

De repente, reflexioné sobre lo que veía delante. Aquí había dos grupos de personas, judíos y musulmanes, orando fervientemente a Dios según su entendimiento. Ambos creen que Dios es uno solo. Ambos fuertemente niegan que el Jesús del Nuevo Testamento sea el Mesías o el Hijo de Dios. Físicamente, las personas estaban muy cerca; pero espiritualmente, distaban millones de millas, divididas por un muro grande de hostilidad y mutuo temor.

Aquí estaban orando a Dios. ¿Qué los separaba? Un muro macizo, el Muro de las Lamentaciones. En este momento, sentí que el Señor me decía: "No has orado todavía por esos niños árabes". Entonces empecé a orar que Dios perdonara a los que me habían robado, después oré sobre la división entre el pueblo judío y el pueblo árabe.

Un grupo de judíos ortodoxos danzando frente al Muro de las Lamentaciones en Jerusalén, 2015

Al hacerlo, me imaginaba a Jesús rompiendo el Muro y extendiendo una mano hacia al pueblo judío y otra mano hacia los árabes, diciendo: "Los amo, Yo soy El que puede reconciliarlos con Dios y con cada uno. Soy el único mediador entre Dios y los seres humanos. Hoy les ofrezco paz con Dios, un nuevo comienzo y un futuro glorioso; pero les digo llorando que aparte de mí, no hay paz sino una calamidad cercana, sangre, vidas arruinadas, ciudades destruidas, y ejércitos del mundo reunidos para el conflicto final. Hoy tienen que decidir. ¿Quién dicen ustedes que soy Yo?

Judíos ortodoxos bailando en la Pared Occidental en Jerusalén en 2015

CAPÍTULO 2

¿QUIÉN MATÓ A JESÚS?

◆

Tristemente, para millones de judíos, es ridícula y ofensiva la idea de que Jesús podría ser el que haga llegar la paz y la reconciliación. Hacía unos años, Nikki acostumbraba a visitar a una anciana judía que había nacido a principios del siglo 20, creciendo en un pequeño pueblo de Polonia. Su primera memoria del nombre de Jesús fue cuando sus padres le instruyeron a esconderse en un closet de la casa, porque el "Viernes Santo", los católicos romanos salían de sus cultos para tirar piedras en el sector judío contra las personas judías, para "vengar la muerte de Jesús". No es sorprendente que le era difícil ver a Jesús como una respuesta a cualquier necesidad. Según ella, Jesús era "una persona que nos odiaba y que era el responsable de nuestra miseria".

Las raíces de este odio hacia los judíos tienen una historia larga. Juan Crisóstomo, nombrado santo y padre de la iglesia del siglo cuatro, escribió:

> Los judíos son de todos los hombres, los más inútiles. Son lujuriosos, avaros y rapaces. Son homicidas pérfidos de Cristo. Los judíos son los odiosos asesinos de Cristo; y por haber matado a Dios, no tienen ninguna expiación ni indulgencia.

Los cristianos nunca podrán cesar de vengarse, y los judíos tienen que vivir para siempre en servidumbre. Dios siempre odia a los judíos. Les corresponde a los cristianos odiar a los judíos.[1]

Cuando Constantino estableció el cristianismo como la religión oficial del Imperio Romano en 312, promulgó muchas leyes contra los judíos. Se les prohibieron recibir convertidos, mientras se utilizaba toda artimaña para hacerlos abandonar al judaísmo. En el Concilio de Nicea en 325, Constantino dijo: "Es justo exigir lo que nuestra razón aprueba, que no debemos tener nada en común con los judíos".

Siendo que el cristianismo en la forma del catolicismo romano llegó a ser la religión que dominaba Europa, los opositores fueron considerados como las fuerzas del anticristo. Los más inconformes fueron los judíos, de modo que la iglesia los consideraba "anti-Cristo". Como resultado, ellos sufrían una persecución constante. En España en 613, todos los judíos que rehusaron bautizarse tuvieron que salir del país. Unos años después, los judíos que todavía vivían allí perdieron sus posesiones y llegaron a ser esclavos de los cristianos ricos "piadosos".

La primera cruzada en 1096 persiguió fuertemente a los judíos mientras los soldados viajaban hacia la "Tierra Santa" para "librarla" de los musulmanes. Los cruzados decían, "Vamos a pelear contra los enemigos de Cristo en Palestina (i.e., los musulmanes), pero ¿tenemos que perdonar a sus enemigos en nuestro medio (i.e. los judíos)? Por los meros bordes del Río Rin murieron doce mil judíos, sin saber cuántos más perecieron en el interior. Cuando los cruzados capturaron a Jerusalén en 1099, masacraron a todos los judíos y musulmanes que encontraron.

En 1208, el papa Inocente III en su decreto condenó a los judíos a una esclavitud eterna:

> Los judíos, contra quienes la sangre de Jesucristo clama, aunque no deben ser matados, no olvidando los cristianos la ley divina, deben andar errantes sobre la tierra hasta que sus caras se llenen de vergüenza.[2]

¿Quién mató a Jesús?

La primera acusación de un homicidio ritual contra la comunidad judía fue en Norwich en 1144, cuando culparon a los judíos por la muerte de un niño cristiano en tiempo de pascua para usar su sangre en su celebración. Con el tiempo, esta acusación ridícula y horrorosa se ha repetido vez tras vez, más recientemente en el mundo musulmán, que ha causado masacres de los judíos. En 1290, el rey Eduardo I expulsó a todos los judíos de Inglaterra.

En 1478, la Inquisición española se dirigió contra los herejes: judíos y los cristianos no católicos. En 1492, les dieron a los judíos la opción del bautismo forzoso o ser expulsados de España. Sin un centavo salieron del país 300.000 personas.

Martín Lutero inicialmente esperaba atraer a los judíos a su fe protestante, sabiendo que ellos nunca aceptarían las supersticiones y persecuciones de Roma. Pero cuando resistieron sus intentos de convertirlos, se volvió en su contra, con palabras de odio. Más tarde, estas mismas fueron usadas, textualmente, por los Nazis en su propaganda:

> ¿Qué haremos nosotros, los cristianos, con esta condenada y rechazada raza de los judíos? Primero, sus sinagogas deben ser incendiadas. Segundo, sus hogares igualmente deben ser deshechos y destruidos. Tercero, deben ser privados de sus libros de oración y del Talmud. Cuarto, deben prohibir a sus rabíes enseñar, so pena de muerte. Quinto, los privilegios de pasaportes y viajes deben prohibirse terminantemente. Sexto, deben prohibirles la práctica de la usura. Séptimo, que sus jóvenes fuertes, varones y hembras, reciban hachas, palas, mayales, y ruecas, para ganar su pan con el sudor de sus narices. En resumen, apreciados príncipes y nobles con judíos en sus dominios, si este consejo mío no les agrada, entonces busquen uno mejor, para que ustedes y nosotros podamos ser librados de esta diabólica carga insoportable de los judíos.[3]

A finales del siglo 19, la Iglesia Rusa Ortodoxa empezó los pogromos, ataques violentos contra las comunidades judías, como se ilustra en la película *El violinista en el tejado*. Idearon una solución al "problema judío": un tercio exterminado, conversión forzosa al cristianismo de otro tercio, y un tercio expulsado.

Los rusos anti-semitas publicaron un folleto difamatorio, *Los protocolos de los ancianos de Sión*, alegando una conspiración judía para controlar el mundo. Esta ficción fue tratada por los Nazis como si fuera un hecho comprobado, y formó parte de su material de propaganda para preparar a la gente para la "Solución Final", el exterminio de seis millones de judíos europeos en los hornos del Holocausto. Hoy en día, la misma difamación se propaga en el mundo musulmán, para fomentar el odio hacia Israel y al pueblo judío.

Esta breve historia de los sufrimientos de los judíos demuestra la terrible verdad que mayormente han sido promovidos por personas que dicen ser cristianos. La acusación principal que ha sido levantada contra los judíos por la iglesia profesante es que "los judíos mataron a Jesús".

QUIÉNES DICEN QUE LOS JUDÍOS MATARON A JESÚS?

En 1978, yo estaba trabajando como profesor de francés en la Escuela Hasmonean, un colegio judío ortodoxo en el norte de Londres. Un día me encontraba reemplazando a un profesor ausente, y los estudiantes se pusieron a hacer sus tareas. Un jovencito levantó la mano y dijo, "Por favor, señor, quiero preguntarle algo. Usted es cristiano. ¿Por qué ustedes los cristianos dicen que nosotros matamos a Jesús?"

Le contesté lo mejor que pude, diciendo que personalmente no decía esto, pero que era cierto que muchos de la iglesia lo habían dicho porque no entendían la fe que supuestamente abrazaban, ni realmente quién era Jesús. Siguió una avalancha de preguntas y comentarios de los muchachos sobre lo que obviamente era un asunto de mucha importancia para ellos. Noticias de esto llegó a los rabíes del colegio; y al día siguiente, uno se me acercó diciendo, "Sr. Pearce, sabemos que usted es cristiano sincero y amistoso con nuestra gente; pero por favor, no vuelva a mencionar el fundador del cristianismo en este colegio".

Orando después, me di cuenta de tanto dolor que hay en los corazones del pueblo judío a causa de cómo han sido perseguidos en el nombre de Jesús. También entendí que Jesús debe sentir un dolor aún más profundo por el oprobio que han sufrido los judíos a través de los años por la tergiversación cruel de Sus supuestos seguidores. Esto ha ocurrido por siglos, interponiendo una pared inmensa entre Él y Su propio pueblo.

El primer versículo del Nuevo Testamento nos cuenta "de la genealogía de Jesucristo, hijo de David, hijo de Abraham" (Mateo 1:1). A través de todo el Nuevo Testamento, la identidad de Jesús como judío es enfatizada y dada un significado especial, porque el pueblo judío fue escogido especialmente para ser los que llevaran las leyes de Dios y el pacto de Dios. Jesús fue circuncidado el octavo día (Lucas 2:21), criado en un hogar judío (Lucas 2:41) y aprendió la Torá* desde Su juventud (Lucas 2:46-49).

El dijo a la mujer samaritana que "la salvación viene de los judíos" (Juan 4:22), y El guardó las fiestas de los judíos (Juan 7:22, Juan 10:22). Les dijo a Sus discípulos, en su primera misión, que no predicaran a los gentiles, "sino id antes a las ovejas perdidas de la casa de Israel" (Mateo 10:6). Es verdad que El sostuvo fuertes controversias con los líderes religiosos de Su día, pero también las tuvieron los profetas hebreos: Isaías, Jeremías, Amós y otros.

En cuanto a la crucifixión, el Nuevo Testamento no culpa a "los judíos", y ciertamente nunca sugiere que las generaciones siguientes de judíos deban ser perseguidos por esta causa. Algunos piensan que hay un problema con el evangelio de Juan cuando el término "los judíos" se usaba para describir a los que se oponían a Jesús; pero una lectura cuidadosa del texto demuestra que Juan se refiere a los líderes judíos religiosos, no al pueblo judío en sí. Juan 5:18 dice:

---

*La Torá, los primeros cinco libros de la Biblia, también se llama el Pentateuco. Es considerada por los judíos como la sección más importante de la Biblia, y cada año en la sinagoga es leída en su totalidad.

Por esto los judíos aun más procuraban matarle, porque no sólo quebrantaba el día de reposo, sino que también decía que Dios era su propio Padre, haciéndose igual a Dios.

Obviamente, porque Jesús mismo y Sus seguidores eran judíos, esto no puede referirse a toda la población judía.

De los cuatro evangelios, el libro de Juan en muchas maneras es el más judío; demuestra la conexión entre las enseñanzas de Jesús y los festivales y las costumbres judías. Pero en el mismo evangelio, Jesús especifica que los judíos más adelante no iban a ser culpados de Su muerte.

Por eso me ama el Padre, porque yo pongo mi vida, para volverla tomar. Nadie me la quita, sino que yo de mí mismo la pongo. Tengo poder para ponerla, y tengo poder para volverla a tomar. Este mandamiento recibí de mi Padre. (Juan 10:17-18)

La implicación de esto es clara: Jesús mismo toma la responsabilidad de Su propia muerte.* La muerte de Jesús ocurrió en el tiempo y de la manera que El escogió, para cumplir la voluntad del Padre, la de morir como sacrificio por los pecados del mundo, y resucitar de los muertos para dar vida eterna a los que Le recibieran. Ningún ser humano, judío o gentil, tendría el derecho o el poder de quitar la vida de Jesús contra Su voluntad. Esto cumple la profecía de Isaías 53, que describe los sufrimientos del Mesías:

Con todo eso, Jehová quiso quebrantarlo, sujetándole a padecimiento. (Isaías 53:10)

---

*Como Jesús murió por los pecados del mundo entero, toda la raza humana es "responsable" por la crucifixión de Jesús; y los mismos pecados de odio, persecución de los judíos y de su exterminio, figuran entre los pecados que mandaron a Jesús a la cruz. Entonces, es una hipocresía culpar a los judíos por Su muerte en la cruz, siendo que nosotros mismos lo hicimos. Por eso, leemos en Zacarías 2:8 que "el que os toca, toca a la niña de su ojo".

¿Quién mató a Jesús?

En el capítulo siete trataré los diferentes argumentos en cuanto a esta profecía. Si vemos la muerte del Mesías como sacrifico por el pecado, vemos como Dios mismo toma la responsabilidad por los sufrimientos del Mesías. "Jehová quiso quebrantarlo" quiere decir que Jesús murió para cumplir la voluntad de Dios.

Los Evangelios ilustran esta idea, donde vemos como Jesús se sometió a la voluntad de Dios para poder redimir al mundo. El oró en Getsemaní:

> Padre mío, si es posible, pase de mí esta copa; pero no sea como yo quiero, sino como tú. (Mateo 26:39)

"Esta copa" se refiere al sufrimiento que El sabía que se aproximaba. Era necesario que El pasara por este sufrimiento para llegar a ser "el Cordero de Dios, que quita el pecado del mundo" (Juan 1:29).

En el libro de Hebreos, se nos invitan a venir a "Jesús el Mediador del nuevo pacto, y a la sangre rociada que habla mejor que la de Abel" (Hebreos 12:24). La sangre de Abel tenía que ver con la venganza del pecado del homicidio de Caín, (Génesis 4); pero la sangre de Jesús habla de misericordia y perdón.

Una enseñanza errónea de parte de la iglesia ha torcido esto, utilizando el versículo del evangelio de Mateo, "Su sangre sea sobre nosotros, y sobre nuestros hijos" (Mateo 27:25), para decir que los sufrimientos del pueblo judío son el resultado de la maldición que ellos proclamaron contra sí mismos. Entonces, se piensa que aún los cristianos están en su derecho para perseguir a los judíos en el nombre de Jesús.

Pero esto está muy lejos de la verdad. Jesús mismo oró desde la cruz, "Padre, perdónalos, porque no saben lo que hacen" (Lucas 23:34). El expresó la voluntad de Dios de perdonar en el nombre de Jesús hasta los más cercanos responsables por Su muerte, fueran judíos o gentiles (romanos). ¿Basamos nuestra teología en las palabras de una multitud emocionalmente enfurecida, o sobre las palabras seguras del Señor Jesús?

El factor del Mesías

La respuesta a la oración de Jesús se encuentra poco después en las predicaciones de los apóstoles. Pedro *culpó* a los responsables por la muerte de Jesús, los que gritaron que lo crucificaran:

> El Dios de Abraham, de Isaac y de Jacob el Dios de nuestros padres, ha glorificado a Su Hijo Jesús, a quien vosotros entregasteis y negasteis delante de Pilato, cuando éste había resuelto ponerle en libertad. Mas vosotros negasteis al Santo y al Justo, y pedisteis que se os diese un homicida, y matasteis al Autor de la vida, a quien Dios ha resucitado de los muertos, de lo cual nosotros somos testigos. (Hechos 3:13-14)

No estaba diciendo que cada judío en ese momento era responsable por la entrega de Jesús a las autoridades romanas, porque Pedro mismo era judío como los otros seguidores de Jesús. Tampoco eran culpables las siguientes generaciones que no habían pedido la muerte de Jesús. Los responsables solamente eran las personas que estaban viviendo y escuchando las palabras de Pedro en ese mismo momento.

Y netamente para ellos, había un mensaje de esperanza y perdón. Explicando el significado de la muerte y la resurrección de Jesús, Pedro dijo:

> Mas ahora, hermanos, sé que por ignorancia lo habéis hecho, como también vuestros gobernantes. Pero Dios ha cumplido así lo que había antes anunciado por boca de todos sus profetas, que su Cristo había de padecer. Así que, arrepentíos y convertíos, para que sean borrados vuestros pecados; para que vengan de la presencia del Señor tiempos de refrigerio. (Hechos 3:17-19)

Las personas que habían pedido la muerte de Jesús fueron los responsables por la injusticia que tomó lugar. Sin embargo, ignoraban el significado espiritual, y por eso las palabras de Jesús, "porque no saben lo que hacen". El propósito de la predicación de los apóstoles era explicarles por qué Jesús murió y resucitó de los muertos; y mostrarles cómo ellos podrían encontrar el perdón y la eterna salvación con el arrepentimiento de sus pecados y fe en Su nombre.

A la vez que la muerte de Jesús en la cruz pagó los pecados de los directamente responsables por Su crucifixión, también cubrió los pecados de toda la raza humana, judíos y gentiles, por igual. Es claro que el mensaje del Evangelio era, desde el principio, el "poder de Dios para salvación a todo aquel que cree; al judío primeramente, y también al griego (gentil)" (Romanos 1:16).

Ambos, judíos y gentiles, tienen que decidir creer o no, en la salvación ofrecida por el Mesías. Por supuesto, mucha gente judía rechazó el mensaje de los apóstoles, tal como ocurre actualmente cuando se predica el mismo mensaje a toda raza y cultura en todo el mundo. En los días de Jesús, había una división entre los judíos a Su favor y los en contra; y esta misma división todavía toma lugar alrededor del mundo donde se predica el Evangelio.

La declaración que realmente nos dice quiénes eran los responsables por la muerte de Jesús se encuentra en el capítulo cuatro de Hechos:

> Y ellos, habiéndolo oído, alzaron unánimes la voz a Dios, y dijeron: Soberano Señor, tú eres el Dios que hiciste el cielo y la tierra, el mar y todo lo que en ellos hay; que por boca de David tu siervo dijiste: ¿Por qué se amotinan las gentes, y los pueblos piensan cosas vanas? Se reunieron los reyes de la tierra, y los príncipes se juntaron en uno contra el Señor, y contra su Cristo. Porque verdaderamente se unieron en esta ciudad contra tu santo Hijo Jesús, a quien ungiste, Herodes y Poncio Pilato, con los gentiles y el pueblo de Israel, para hacer cuanto tu mano y tu consejo habían antes determinado que sucediera. (Hechos 4:24-28)

En esta oración, muchas categorías de personas están implicadas: Herodes y Poncio Pilato entre los gentiles, y el pueblo de Israel. Los gentiles son mencionados antes del pueblo de Israel, entonces no tienen derecho de sentir orgullo o tener actitud de crítica contra los judíos. Es obvio que el acto físico de crucificar a Jesús se llevó a cabo por los soldados romanos al estilo romano bajo los órdenes del gobernador romano. ¡Es extraño que nadie jamás haya sugerido que los italianos mataron a Jesús y que deben estar bajo maldición por esta causa!

Todo esto aconteció para "hacer cuanto tu mano y tu consejo habían antes determinado que sucediera"; en otras palabras, para cumplir lo antes planeado por Dios. Otra vez, vemos que la responsabilidad por la muerte de Jesús es últimamente de Dios mismo, para poder cumplir Sus propósitos.

Toda persecución de los judíos por las iglesias es una terrible distorsión de la verdad, y una traición a Jesús el Mesías. Desafortunadamente, la iglesia hizo todo lo contrario a lo que Pablo enseñó en su carta a los romanos, donde habló de Israel y el pueblo judío como la raíz que sostiene el "olivo". Estaba diciendo que la fe cristiana se basa sobre la revelación dada al mundo a través del pueblo judío y la Biblia judía; y cumplida por el Mesías judío. Su mensaje se ha comunicado a los gentiles por Sus discípulos judíos que escribieron el Nuevo Testamento. Entonces, si los cristianos quieren tener verdadera vida espiritual, deben reconocer la deuda que tienen con Israel, y pagar esta deuda amando al pueblo judío.

Pablo aún argumentó que el hecho de que la mayoría de los judíos que no habían aceptado a Jesús como el Mesías había beneficiado a los gentiles. Como resultado, los cristianos gentiles deben hacer lo más que puedan, para que su fe atraiga a los judíos:

> Digo, pues: ¿Han tropezado los de Israel para que cayesen? En ninguna manera; pero por su transgresión vino la salvación a los gentiles, para provocarles a celos. Y si su transgresión es la riqueza del mundo, y su defección la riqueza de los gentiles, ¿cuánto más su plena restauración? Porque a vosotros hablo, gentiles. Por cuanto yo soy apóstol a los gentiles, honro mi ministerio, por si en alguna manera pueda provocar a celos a los de mi sangre, y hacer salvos a algunos de ellos. (Romanos 11:11-14)

Pablo después explica que si el pueblo judío acepta a Jesús o no, todavía "son amados por causa de los padres" (i.e. los patriarcas de Israel y el pacto que Dios hizo con ellos), "porque irrevocables son los dones y el llamamiento de Dios" (Romanos 11:28-29). Basado sobre esto, los cristianos tienen una responsabilidad de amar a los judíos, y tratarlos con equidad y bondad sin considerar su posición en cuanto a Jesús. De manera significativa, Pablo escribió esta carta a los cristianos que vivían en Roma, sede del Imperio Romano y la ciudad que iba a dominar el cristianismo durante los siguientes siglos.

Entonces, ¿qué pasó? La iglesia llegó a ser manejada por grandes números de miembros gentiles, y los creyentes judíos llegaron a ser una minoría. Los cristianos empezaron a dejar el patrón de vida dado por Jesús y los apóstoles, y formaron una institución religiosa que poco asemejaba el modelo original del Nuevo Testamento. También, ellos querían tener favor con las autoridades romanas que tenían prejuicio contra los judíos por las fallidas sublevaciones contra Roma en los años 70 y 135. Con la caída del Imperio Romano, el catolicismo romano llegó a ser la fuerza dominante en Europa. El obispo de Roma llegó a ser el papa, imitando en mucho el poder y carácter de un imperador romano, y hasta el punto de tomar uno de sus títulos, pontífice máximo. Todo esto produjo una distorsión trágica del mensaje cristiano por el dominio de un clero corrupto con vastos recursos a su disposición. El pueblo de Europa fue explotado y corrompido en el nombre del cristianismo.

¡Habría sido muy diferente si la iglesia romana hubiera hecho caso a la carta a los romanos! Cuando la iglesia perdió su amor y comprensión hacia los judíos, Dios la separó de sus raíces. Pablo había dicho que esto pasaría a los cristianos que se enorgullecía, pensando que fueran superiores a los judíos, cuando en realidad Dios, por Su grande misericordia y bondad, los había injertado al olivo que pertenecía a los judíos:

> No te jactes contra las ramas; y si te jactas, sabe que no sustentas tú a la raíz, sino la raíz a ti. Pues las ramas, dirás, fueron desgajadas para que yo fuese injertado. Bien; por

su incredulidad fueron desgajadas, pero tú por la fe estás en pie. No te ensoberbezcas, sino teme. Porque si Dios no perdonó a las ramas naturales, a ti tampoco te perdonará. Mira, pues, la bondad y la severidad de Dios; la severidad ciertamente para con los que cayeron, pero la bondad para contigo, si permaneces en esa bondad; pues de otra manera tú también serás cortado. Y aun ellos, si no permanecieren en incredulidad, serán injertados, pues poderoso es Dios para volverlos a injertar. (Romanos 11:18-23)

De la misma manera, separada del olivo, la iglesia fue separada del fruto del Espíritu Santo: "amor, gozo, paz, paciencia, benignidad, bondad, fe, mansedumbre, templanza" (Gálatas 5:22-23). En su lugar, las obras de la carne se manifestaron en la iglesia corrupta y cruel de la Edad Media y años siguientes.

Durante mi tiempo de estudiante, recuerdo haber visto una película que me impactó mucho: *The Fixer*, basada en el libro de Bernard Malamud. En esta historia, Yakov Bok, un judío que vivía en los tiempos de los zares en Rusia, fue acusado falsamente de homicidio y lo encarcelaron. El caso es un ejemplo típico del anti-semitismo en Rusia a finales del siglo 19. Las autoridades, utilizando a la Iglesia Ortodoxa de Rusia en sus interrogaciones, buscan forzar a Yakov a convertirse al cristianismo. Le dan un Nuevo Testamento para leer. El lo hace, y cuando el sacerdote ortodoxo ruso llega a interrogarle para ver lo que ha aprendido, dice sencillamente: "Jesús es judío. Entonces el que odia al judío también odia a Jesús". Esto es absolutamente cierto; y el odio hacia los judíos demuestra un espíritu de fuerza, tiranía y prejuicio totalmente contra el espíritu de Jesús, el Mesías. Si el lector visita a una iglesia con fruto de anti-semitismo, recuerde que la palabra icabod significa que la gloria de Dios es traspasada (1 Samuel 4:21).

CAPÍTULO 3

DESDE LA NOCHE

◆

Durante la década de los setenta, Nikki y yo nos acostumbrábamos a salir para compartir nuestra fe con las personas pertenecientes a grupos políticos izquierdistas. Nos hicimos amigos de algunos socialistas judíos, y ellos nos invitaron a una reunión de Young Mapam, un grupo judío socialista. El conferencista, Hyam Maccoby, dio una charla sobre Jesús como revolucionario judío contra los romanos. Después de eso, tuvimos una discusión y algunos de los miembros del grupo nos invitaron a otra reunión, donde iban a leer algunos ensayos de literatura importantes para ellos.

Una lectura fue tomada de un libro por Elie Wiesel, titulado *Night* (*Noche*), sobre sus experiencias en Auschwitz. Después de la lectura, alguien nos preguntó, "¿Dónde estaba Dios cuando mataron a los seis millones?" Yo no sabía qué decir, entonces salí para leer *Night* por mí mismo, y meditar sobre sus temas.

Mi primera reacción después de leerlo fue: ¿Cómo puedo yo, que nací cuando estos eventos ya eran historia, sin tener tampoco sangre judía, con experiencias propias de mi vida tan lejos de las de ellos, presumir a escribir sobre una experiencia tan sumamente terrible y dolorosa para el pueblo judío? Pero la respuesta que me llegó fue contundente: "Si no tienes ninguna respuesta a las preguntas

Mayo de 1944: Judíos recién llegados de Sub-carpatian Rutenia se bajan del tren en Auschwitz-Birkenau

28 de febrero de 1941: Judíos holandeses con uniformes de prisioneros marcados con una estrella amarilla y la letra "N" (Netherlands) firmes mientras llaman la lista en el campo de concentración de Buchenwald (el campo donde estaba Elie Wiesel)

presentadas en este libro, ¿cómo puedes afirmar que Jesús es la respuesta?"

La declaración más elocuente de esta desesperación se encuentra en Night, cuando el autor, como niño, vio por primera vez Birkenau, el centro de recepción de Auschwitz:

> Llamas, llamas gigantescas, subían de una zanja. Estaban quemando algo. Un vagón llegó al borde del hoyo, y entregó su carga—¡niños pequeños, bebés! Sí, lo vi, con mis propios ojos . . . esos niños pequeños en las llamas. (¿No es sorprendente que después de esto, no pudiera? El sueño había desaparecido de mis ojos).
>
> Nunca olvidaré esa noche, la primera noche en el campo, que volvió mi vida una sola noche larga, siete veces maldita y siete veces sellada...Nunca podré olvidar las pequeñas caritas de los niños, cuyos cuerpos vi convertidos en nubes de humo debajo de un silencioso cielo azul. Nunca olvidaré las llamas que consumieron mi fe por siempre. Nunca olvidaré ese silencio nocturno que me robó, por toda la eternidad, el deseo de vivir. Nunca olvidaré esos momentos cuando mataron a mi Dios y mi alma, y convirtieron en polvo mis sueños. Nunca olvidaré esas cosas, aun si fuera condenado a vivir tanto tiempo como Dios mismo. Nunca.[1]

Entonces, ¿dónde estaba Dios? Cuando ocurren males tan abrumadores, ¿todavía es posible creer en el concepto de un Dios justo, un Dios que ama a la humanidad y se preocupa por ella? Enfrentar esta cuestión es más que sólo un ejercicio académico. Dictaduras crueles, campos de concentración, torturas, y maldad desenfrenada todavía rigen en muchas partes de la tierra. La Biblia dice que en los postreros días, los hombres malos se volverán cada vez peores. Todo el mundo últimamente estará bajo el poder del Anticristo, de quien Hitler fue un precursor mayor.

¿QUIÉN ERA EL RESPONSABLE?

La primera pregunta que hay que hacer es, ¿Quién fue el responsable por la creación de los campos de muerte y del terror nazi? ¿Fue Dios o el hombre? En *Noche*, Elie Wiesel describe como los judíos piadosos en el campo celebraban cultos de adoración a Dios los días santos judíos. Esto causó que Elie tuviera ira contra Dios por permitir la existencia de esos campos de muerte. (Nota de información: este punto de vista representaba la reacción de Eli Wiesel, como niño, a los horrores que veía. Más adelante, como adulto, mantuvo su fe en Dios*).

Miles de voces repitieron la bendición; miles de hombres se postraban como árboles delante de una tempestad.

Sea bendecido el nombre del Eterno!

¿Por qué, pero por qué, Lo he de bendecir? Rebelé con toda fibra de mi ser. ¿Porque El permitiría que miles de niños fueran quemados en Sus hoyos? ¿Por qué mantuvo seis crematorios trabajando noche y día, domingos y festivos? ¿Porque en Su gran poder El hiciera Auschwitz, Birkenau, Buna y muchas fábricas de muerte?[2]

Esta es una reacción entendible frente al tremendo sufrimiento de los campos. Se supone que Dios controla el universo; cuando uno se encuentra como víctima de crueldad y maldad indescriptibles, parece como si Dios no estuviera haciendo nada. Así que Dios debe ser el responsable por la maldad; o si no, que es indiferente y sin poder.

Pero Dios no hizo Auschwitz ni ninguna fábrica de muerte; estas fueron creadas por las personas. Estas personas fueron motivadas por el nazismo, una ideología que, en rebelión contra Dios, expresa sus ideas y prácticas a una medida antes desconocida en la historia de la humanidad. Dios no hizo Auschwitz; El creó perfecto a los seres humanos, para vivir en paz y armonía con El y entre sí. Pero desde la

---

* Elie Wiesel murió el 2 de julio de 2016 a la edad de 87años.

caída del hombre (Génesis 3), el pecado ha reinado en la raza humana; y el poder hostil de Satanás ha obrado sobre la humanidad para rebelarse contra Dios y desobedecer Sus mandamientos. En el curso de la historia, estamos muy lejos de lo que hizo Caín cuando llevó a Abel, su hermano, a un campo para matarlo. Ahora enfrentamos campos de concentración y las actuales armas atroces de destrucción. Sin embargo, el principio es el mismo, y el problema es el mismo: Es el pecado en el corazón de los seres humanos. Como dice la Biblia:

> Engañoso es el corazón más que todas las cosas, y perverso; ¿quién lo conocerá? (Jeremías 17:9)

> Porque de dentro, del corazón de los hombres, salen los malos pensamientos, lo adulterios, las fornicaciones, los homicidios, los hurtos, las avaricias, las maldades, el engaño, la lascivia, la envidia, la maledicencia, la soberbia, la insensatez. Todas estas maldades de dentro salen, y contaminan al hombre. (Marcos 7:21-23)

> ¿Qué, pues? ¿Somos nosotros mejores que ellos? En ninguna manera; pues ya hemos acusado a judíos y a gentiles, que todos están bajo pecado. Como está escrito: No hay justo, ni aun uno; no hay quien entienda. No hay quien busque a Dios. Todos se desviaron, a una se hicieron inútiles; no hay quien haga lo bueno, no hay ni siquiera uno . . . Sus pies se apresuran para derramar sangre; quebranto y desventura hay en sus caminos; y no conocieron camino de paz. (Romanos 3:9-12, 15-17)

La historia del siglo 20 ilustra en forma contundente este análisis de la condición humana. Es significativo que una manifestación tan extrema de la maldad del corazón humano fuera a tomar lugar en un siglo que empezó con el sentir en la gente de la bondad innata de la humanidad. Se creía en el perfeccionamiento de la naturaleza humana, y la llegada de una Época Dorada de paz, prosperidad y tolerancia a través de la ciencia, educación y política. Esta filosofía regía en un país cuya contribución a la cultura europea era enorme; y que produjo algunos de los filósofos y escritores principales del siglo 19, muchos de los cuales rechazaban a Dios y ponían su confianza en la habilidad del hombre para salvarse a sí mismo por sus propios esfuerzos. Así que el Holocausto nazi debe hacernos dejar de creer en esta clase de humanismo optimista que rechazaba el Dios de la Biblia. Esta es la implicación del prefacio a *Night*, donde el autor francés, Francois Mauriac, habla de los trenes cargados con niños judíos que él vio salir de París durante la ocupación nazi:

> El sueño que el hombre occidental concibió en el siglo 18, cuya aurora pensó ver en 1789 (la Revolución Francesa), y que había crecido con el progreso de la información y descubrimiento de la ciencia, hasta el 2 de agosto de 1914 (cuando empezó la Primera Guerra Mundial),—este sueño se me desvaneció frente a esos cargamentos de pequeños niños.[3]

LOS NAZIS Y DIOS

Los que culpan a Dios por el Holocausto nazi deben notar que la ideología nazi tiene sus raíces, no solamente en un amargo odio contra el judaísmo, sino también en el rechazo del Dios de la Biblia y del cristianismo auténtico. Relacionado con esto, es interesante observar los siguientes pensamientos escritos por Friedrich Nietzsche, el filósofo alemán, que fue el primero en pronunciar que "Dios está muerto".

> El hecho de que las razas fuertes del norte de Europa no hayan repudiado el Dios cristiano ciertamente no refleja ningún talento referente a la religión de parte de ellos.[4]

> (Hablando del concepto cristiano de Dios), el Dios de "la gran mayoría", el demócrata entre Dioses (N.B. Nietzsche odiaba la democracia), sin embargo, no ha llegado a ser un Dios pagano orgulloso . . . ¡se ha mantenido el dios del rincón,

el Dios de todos los rincones y lugares oscuros, de todos los lugares malsanos a través de todo el mundo"![5]

¿Qué es lo bueno? Es todo lo que aumenta el sentir de tener poder, la voluntad para tener poder, el poder mismo en el hombre. ¿Qué hay que es malo? Todo lo que proviene de la debilidad. ¿Qué es la felicidad? Es el sentir del *aumento* de poder, que vence la resistencia. No es contentamiento, sino tener más poder; no es *la paz*, sino guerra; no es la virtud, sino aptitud . . . Los débiles y enfermizos perecerán: (esto es) el primer principio de nuestra filantropía. Y hay quien que los ayudará a cumplirlo. ¿Qué es más dañino que cualquier vicio? Una simpatía activa a favor de los débiles y enfermizos: el cristianismo.[6]

LOS QUE CULPAN A DIOS POR EL HOLOCAUSO NAZI DEBEN NOTAR QUE LA IDEOLOGÍA NAZI TIENE SUS RAÍCES, NO SOLAMENTE EN UN AMARGO ODIO CONTRA EL JUDAISMO, SINO TAMBIÉN EN EL RECHAZO DEL DIOS DE LA BIBLIA Y DEL CRISTIANISMO AUTÉNTICO.

El cristianismo se llama la religión de la compasión. La compasión es la antítesis de las emociones tónicas que aumentan la energía del sentir de la vida: tiene un efecto depresivo . . . mayormente, la compasión desafía la ley de la evolución, que es la ley de la selección. Preserva lo que merece ser destruido; defiende a los desheredados y condenados.[7]

Esta filosofía del ateísmo alemán del siglo 19 claramente tiene una relación espiritual con la ideología nazi. ¿Qué habría pensado Nietzsche de los fuertes poderosos SS, que sin piedad, "seleccionaron" los más saludables que corrieron desnudos delante de ellos, destinados a trabajar hasta la muerte en los campos de concentración, mientras los débiles y "enfermizos" fueron llevados a las cámaras de gas? ¿Qué es lo que necesita el mundo moderno? ¿Hombres y mujeres anti-cristianos duros, fuertes, sin compasión; o a los que seguirán al Señor, al que Nietzsche despreció tanto? El Señor dijo:

> Bienaventurados los pobres en espíritu, porque de ellos es el reino de los cielos . . . Bienaventurados los mansos, porque ellos recibirán la tierra por heredad . . . Bienaventurados los misericordiosos, porque ellos alcanzarán misericordia . . . Bienaventurados los pacificadores, porque ellos serán llamados hijos de Dios. (Mateo 5:3, 5, 7, 9)

No hay duda qué tipo de personas buscaba Hitler. Dijo que "la antigüedad era mejor que los tiempos modernos, porque no conocía ni el cristianismo ni la sífilis". Sus razones principales para rechazar el cristianismo eran las siguientes:

1. Era una religión que simpatizaba con todo lo débil y bajo.

2. Era de orígenes netamente judío y oriental. Los cristianos "inclinan sus espaldas frente al sonido de las campanas de las iglesias y se arrastran hacia la cruz de un Dios extraño".

3. La religión empezó hace 2000 años entre los enfermos, exhaustos y desesperanzados que habían perdido su confianza en la vida.

4. Las ideas cristianas de "perdón de pecados", "resurrección", y "salvación" eran puras necedades.

5. La idea cristiana de misericordia era peligrosa. Uno nunca debe extender misericordia hacia sus enemigos. "La misericordia es un concepto anti-alemán".

6. El "amor" cristiano era una estupidez; el amor paraliza.

7. La idea cristiana de la igualdad de todos los seres humanos quería decir que eran protegidos los inferiores, los enfermos, los lisiados, los criminales y los débiles.[8]

Aunque los nazis marcharon a sus batallas con "Gott mit uns" (Dios con nosotros) como lema, su dios era un anticristo pagano, y ellos seguían a un mesías falso, Adolfo Hitler. Se inclinaban frente a los ídolos de poder, la fuerza física y el sueño de dominar la tierra a través de *la raza maestra teutónica*. No es sorprendente que el fruto de esta ideología demoníaca se convirtiera posteriormente en una pesadilla de destrucción y carnicería.

Aunque ellos profesaban tener alguna *clase* de cristianismo, su meta era remplazar el cristianismo auténtico con un programa de cristianismo "nuevo" con estos principios:

- Desechar el Antiguo Testamento, un libro judío; y también quitar partes del Nuevo Testamento.

- Ver a Cristo no como judío sino un mártir nórdico matado por los judíos, un guerrero que, por su muerte, salvó al mundo de las denominaciones judías.

- Ver a Adolfo Hitler como el nuevo mesías enviado a la tierra para rescatar al mundo de los judíos.

- La esvástica remplazaría la cruz como el símbolo del cristianismo alemán.

- La tierra alemana, la sangre alemana, el alma alemana, y el arte alemán: éstos cuatro tendrían que convertirse en las cosas más sagradas para el cristiano alemán.[9]

En realidad, los nazis estaban remplazando al cristianismo con un nuevo paganismo que recibiría sus fuerzas de la música de Wagner y los mitos nórdicos de los tiempos pre-cristianos. Uno de los principales promotores de esto era Alfredo Rosenburg, a quien Hitler en 1937 premió con el Galardón Nacional, la versión alemana del Premio Nobel de la Paz. Rosenburg buscaba un regreso a la antigua religión teutónica de fuego y espada. Aún había un himno para el nuevo movimiento de fe alemana:

> El tiempo de la cruz se ha ido ya,
> Amanecerá la rueda del Sol,
> Y así, con Dios, por fin estaremos libres,
> Y devolver a nuestra gente su honor.[10]

ENTONCES, ¿DÓNDE ESTABA DIOS?

Una novela judía, *The Last of the Just* (*Los últimos justos*), por André Schwartz-Bart, describe el sufrimiento judío en el transcurso de muchas generaciones y concluye en el tiempo del Holocausto. Hay una escena muy impactante, cuando un grupo de judíos que sale de la sinagoga después de su adoración es confrontado por tropas nazi en el patio:

> Ernie tenía una intuición fuerte de que Dios estaba vigilando sobre el patio de la sinagoga, listo a intervenir . . . Ernie sintió que Dios estaba ahí, tan cerca que con un poco de atrevimiento lo habría podido tocar. "¡Alto! No toquen a mi pueblo!" suspiró como si la voz divina habría encontrado expresión desde su propia garganta débil.[11]

En la novela, hay un escape momentáneo en esta ocasión; sin embargo, el terrible ciclo de muerte y destrucción causado por los nazis siguió hasta masacrar a seis millones de judíos; y a la vez, a otros millones de gentiles en los frentes de batalla y campos de concentración. ¿Estaba Dios silencioso e indiferente durante todo este tiempo?

Dios no estaba ni callado ni indiferente, sino observando y llorando la maldad de la humanidad, viendo el sufrimiento de la gente, especialmente de los judíos. Sin embargo, como Él nos ha dado libre albedrío, las consecuencias de malas decisiones del pueblo alemán siguieron su curso en los eventos posteriores. La derrota final de los nazis demostró el juicio contundente de Dios contra ese maligno sistema político.

Aunque Dios no estaba callado ni indiferente, desafortunadamente gran parte de la iglesia no actuó. Había también personas valientes, como la familia ten Boom en Holanda, que se sacrificaron por rescatar a los judíos de manos de los nazis. Sin embargo, mayormente la iglesia no reaccionó, de modo que mucha gente judía veía a los "cristianos" como el enemigo. En la novela *Los últimos justos*, Ernie Levy, el protagonista principal, se casa con Golda la noche antes de que los llevaran a un campo de concentración. Su conversación llega al tema de Jesús:

> "Oh Ernie," dijo Golda, "tú los conoces. Dime ¿por qué los cristianos nos odian tanto? Parecen tan amables cuando los encuentro sin mi estrella".
>
> Ernie puso el brazo alrededor de su espalda con solemnidad. "Es muy misterioso", susurró en yidis. "Ni ellos mismos lo saben. He visitado sus iglesias y leído su evangelio. ¿Sabes quién era el Cristo? Un judío sencillo como su papá. Una clase de hassid".
>
> Golda sonrió levemente. "¿En serio?"
>
> "Sí, créeme. Y me imagino que se habrían llevado muy bien, porque él realmente era buen judío, algo semejante a Baal Shem Tov,12 un hombre misericordioso y noble. Los cristianos dicen que lo aman, pero creo que lo odian sin saberlo. Entonces ¡toman su cruz por el otro lado y lo convierte en espada para golpearnos con ella! Sabes, Golda," dijo, repentinamente emocionado, "toman la cruz y la voltean, la voltean, oh mi Dios . . ."[13]

Jesús era mucho más que solamente un "judío sencillo"; pero el hecho de que sí, era judío, es algo totalmente obvio en el Nuevo Testamento. Los que se llaman cristianos y a la vez odian a los judíos necesitan arrepentirse de su anti-semitismo, y decidir apoyar al pueblo judío cuando sufre persecución, entendiendo que la raíz del anti-semitismo es una actitud humana hostil contra Dios. Rabbi David Panitz ha señalado en cuanto a esta conexión, que "La necesidad de la expiación, a la luz de las verdades de la historia, es una establecida doctrina hebraica y cristiana. Hasta que uno pueda reconocer sus equivocaciones, no puede empezar a reconstruir su vida".

La iglesia que se considera cristiana tiene una carga de culpabilidad en cuanto al pueblo judío. Aunque la filosofía nazi era pagana y anticristiana, las semillas del anti-semitismo que fueron cosechadas por los nazis habían sido sembradas por las iglesias a través de sus denuncias de los judíos. A la vez, tenemos que decir que el verdadero Jesús es totalmente diferente a la caricatura cruel que tomara la cruz como instrumento para golpear a los judíos. En la conversación de Ernie Levy con Golda, él prosigue así:

> Pobrecito Jesús, si volviera a la tierra y viera cómo los paganos han hecho una espada de él, y la han usado contra sus hermanos y hermanas, estaría triste, le dolería por siempre. Y puede ser que sí, lo vea".[14]

CAPÍTULO 4

ENTONCES, ¿QUÉ DEL MESÍAS?
◆

Los sufrimientos del pueblo judío han causado que muchos no crean en Dios y que rechacen totalmente el concepto del Mesías. Pero para otros, confiar en la venida del Mesías da la esperanza de que los tiempos de dolor y persecución terminarán, y que la paz llegará a la casa de Israel. Una oración judía dice:

> Tú, oh Dios, has prometido redimirnos: entonces, que venga pronto el tiempo de nuestra redención... El enemigo hiere nuestro corazón, nos tira piedras, nos aflige, nos pisotea, y se mofa de nosotros y nuestra esperanza de redención... Pero la hija de Sión realmente podrá regocijarse, porque nuestro Mesías viene.[1]

La pregunta clave es: "¿Cómo podremos identificar al Mesías?" Estas son algunas de las respuestas que he oído de los judíos:

- El Mesías es un hombre importante que creará la paz mundial, reconstruirá el Templo en Jerusalén, y volverá el pueblo judío a la Torah.

- El Mesías es el Lubavitcher Rebbe, Rabí Menachem Schneerson, quien murió en 1994, y que se resucitará del los muertos.[2]

- No hay ningún Mesías personal, sino que vendrá una época mesiánica, cuando la gente vivirá juntos en paz y armonía y las guerras cesarán.

- No hay ningún Mesías y la mera idea es una superstición que el pueblo judío necesita dejar atrás, para poder ellos mismos solucionar sus problemas.

La primera opción es el punto de vista más ortodoxo. Moses Maimonides, que vivió entre 1135 y 1204, y cuyos escritos, especialmente *Guide to the Perplexed* (*Guía para los perplejos*), son una influencia mayor en el judaísmo moderno, dijo lo siguiente referente a la prueba del Mesías:

> En el futuro, el Rey Mesías surgirá y renovará la dinastía davídica, restaurándolo a su soberanía original. El reedificará el Beit Hamikdash (Templo) y unirá el remanente dispersado de Israel. Entonces, en sus días todos los estatutos serán puestos en vigor como antes. Ofreceremos sacrificios y observaremos los años del Sabat y Jubileo según las instrucciones explicadas en la Torá...
>
> Si surge un rey de la Casa de David que se profundiza en el estudio de la Torá; y como David su ancestro, observa sus mitzvot (mandamientos) como orden la ley escrita y la ley oral; si obliga a todo Israel a caminar según la Torá, y reparar las infracciones en sus prácticas; y si pelea las guerras de Dios; entonces, con seguridad podemos considerar que es el Mesías.
>
> Si logra todo eso de arriba, edifica el Beit Hamikdash en su sitio, y reúne el remanente de los dispersados de Israel, definitivamente, es el Mesías.[3]

Después, se dice que él hará llegar un mundo perfecto: Entonces, perfeccionará el mundo entero, motivando las naciones a servir a Dios juntos, como está escrito, "Haré que los pueblos sean puros del habla, para que puedan llamar al Nombre de Dios y servirle con un solo propósito.[4]

A base de esto, podemos deducir que el Mesías tiene que demostrar que es el Mesías a través del cumplimiento de las siguientes tres tareas:

1. Hacer que el pueblo judío dispersado regrese a Israel.

2. Reedificar el Templo en Jerusalén.

3. Hacer llegar la paz mundial.

Al contrario, se nota que después que Jesús vino, lo siguiente ocurrió:

1. El pueblo judío fue dispersado a las naciones.

2. El Templo de Jerusalén fue destruido.

3. Ha habido guerras y persecuciones desde ese entonces.

Maimonides dijo lo siguiente en cuanto al cristianismo:

¿Puede haber una piedra de tropiezo más grande que el cristianismo? Todos los profetas hablaron del Mesías como el redentor de Israel y su Salvador, que iba a recoger a sus esparcidos, y fortalecer su cumplimiento del mitzvot. Por lo contrario, el fundador del cristianismo causó que los judíos fueran degollados por la espada, su remanente dispersado y humillado, la Torá cambiada, y que la mayor parte del mundo errara y sirviera a un dios distinto al Señor.[5]

Entonces, Jesús no es el Mesías. Fin del argumento.
Pero no es el fin del argumento. Esta controversia ha hervido durante siglos, y ¡no creo que este libro tenga la última palabra tampoco! El libro que tiene la última palabra sobre el tema del Mesías es la Biblia, y la debemos consultar. Tristemente, es un libro que se encuentra en las bibliotecas de la gente, pero no mucho en sus

corazones y mentes. Puede ser el libro best seller del mundo, pero no es el libro más leído en el mundo. Aun los que la leen, cristianos y judíos, a menudo tratan de argumentar contra ella, despreciándola como mito y por eso una guía nada confiable, especialmente referente al Mesías ("¡si existe!") El autor de la columna "Pregunte al rabí" en el *Jewish Chronicle*, hablando del Mesías, negó que su venida podría encontrarse en la lectura de los profetas hebreos, y que este tema "es totalmente anticuado según la crítica bíblica."[6]

Creo que el día llegará cuando *la crítica bíblica* se clasifique totalmente anticuada, cuando las personas despierten al hecho de que los profetas de la Biblia tienen una extraordinaria relevancia en los sucesos que están ocurriendo hoy en día.

Empecé a tomar la Biblia en serio a los 23 años, después de haber explorado, en la década de los sesenta, una variedad de cosmovisiones alternas, incluyendo el marxismo. Lo que me motivó a buscar un propósito para mi vida en sus antiguas páginas fue el entendimiento de que no era solamente un libro cubierto de polvo, con algunas historias bonitas. Encontré en la Biblia palabra viva que habla a situaciones del mundo actual, y a nuestras vidas en particular.

Sobre el tema de Israel, la Biblia habla del esparcimiento del pueblo judío entre las naciones; y más adelante, de su regreso a la tierra de Israel en los postreros días. Comenta sobr los tiempos de conflictos, y enfoca a Jerusalén en relación a todas las naciones del mundo (Jeremías 30-31, Ezequiel 36-39, Zacarías 12-14).

Una señal de los propósitos y la fidelidad de Dios es que Israel fue esparcido, y recogido de nuevo:

Oíd palabra de Jehová, oh naciones, y hacedlo saber en las costas que están lejos, y decid:

> El que esparció a Israel lo reunirá y guardará, como el pastor
> a su rebaño. (Jeremías 31:10)

Ezequiel 36 habla de la desolación de la tierra de Israel, cuando los judíos son echados fuera de ella y los gentiles la poseen. Pero después, cuando el pueblo judío regresa, llega a ser una tierra fértil otra vez, con árboles sembrados en sus colinas, y sus antiguas ciudades reedificadas. Dios dice:

> Y yo os tomaré de las naciones, y os recogeré de todas las tierras, y os traeré a vuestro país. (Ezequiel 36:24)

En este tiempo, las naciones a su alrededor se opondrán a Israel "astuta y secretamente" (Salmo 83:3) con una confederación que busca echar a Israel al mar, diciendo:

> Venid, y destruyámoslos para que no sea nación, y no haya más memoria del nombre de Israel. (Salmo 83:4)

El conflicto sobre la tierra de Israel, y especialmente sobre la ciudad de Jerusalén, involucrará todas las naciones de la tierra en los postreros días.

> Y en aquel día yo pondré a Jerusalén por piedra pesada a todos los pueblos; todos los que se la cargaren serán despedazados, bien que todas las naciones de la tierra se juntarán contra ella. (Zacarías 12:3)

Hoy en día, todas las naciones, a través de las Naciones Unidas, buscan en vano solucionar el problema de quién debe regir sobre Jerusalén. Estas profecías que se están cumpliendo en nuestros días son una señal segura de la fidelidad de Dios a Su Palabra, y de la venida del Mesías para solucionar los problemas que los seres humanos han causado en el mundo que Dios nos ordenó cuidar.

Hay muchas otras señales en los eventos actuales que nos hacen concluir que estamos en los postreros días. Dios intervendrá para librar al mundo de un desastre absoluto: un colapso de los valores morales en las naciones como en los días de Noé, Sodoma y Gomorra, destrucción ecológica masiva, y anarquía empujando a las naciones a una situación catastrófica mundial que solo Dios puede solucionar. Escribí un libro que da detalles sobre estas cosas, *Countdown to Calamity* (*Cuenta regresiva a la calamidad*); se puede conseguir según detalles al final de este libro. También imprimimos una revista semestral, *Light for the Last Days* (*Luz para los postreros días*), que examina los eventos actuales a la luz de la profecía bíblica.

Si los autores de la Biblia sencillamente hubieron puesto sus propios pensamientos para su *propia* generación, entonces sus palabras solo habrían sido interesantes, pero no confiables como guía para la gente confundida, judía o gentil, del siglo 21. Pero si ellos escribieran bajo la inspiración del Espíritu Santo, según Dios les reveló las cosas que iban a acontecer, entonces hoy sería una insensatez descartar sus palabras y su mensaje.

Así que, en nuestra búsqueda sobre la identidad del Mesías, debemos poner atención a los que escribieron la Biblia hebrea. Aquí encontramos que el asunto es más complejo que las conclusiones de Maimonides anteriormente citadas. ¿Tiene razón al decir que "el fundador del cristianismo" (o sea, Jesús), causó que el mundo se equivocara y "sirviera a un dios distinto al Señor"?

En cuanto al Mesías y los postreros días, las profecías del Tanaj* parecen decir cosas contradictorias. Por ejemplo, lo escrito por el profeta Isaías en sí presenta las siguientes dificultades:

- El capítulo 2 del libro de Isaías dice que el Mesías reinará con poder desde Jerusalén; y que todas las naciones llegarán a oír la palabra del Señor y como resultado, vivirán juntos en paz.

- El capítulo 53 dice que el Mesías será despreciado y rechazado por los hombres, que nuestras iniquidades serán puestas sobre El, será cortado de la tierra de los vivientes, morirá con los impíos, será sepultado pero que vivirá para ver "la aflicción de su alma". Muchos del judaísmo actual siguen a Rashi, negando que Isaías 53 tiene que ver con el Mesías, diciendo que "siervo" se refiere a Israel. Veremos estos argumentos más adelante, en el capítulo 7 de este libro).

- Isaías 11 habla de la futura condición de la tierra en los postreros días, cuando la tierra estará llena del conocimiento del Señor como

---

*El Tanaj es la Biblia judía (Antiguo Testamento), ordenado un poco diferente a la Biblia cristiana pero con el mismo contenido.

Entonces, ¿qué del Mesías?

las aguas cubren la mar, volviendo a las condiciones del paraíso, con los animales siendo vegetarianos en vez de devorarse entre sí.

• El capítulo 24 dice que la condición futura también tendrá relación con los últimos días, cuando la tierra será destruida, las ciudades consumidas y la gente asolada, quedando solo pocos sobrevivientes.

Estas paradojas se reflejan en las maneras que el judaísmo ortodoxo interpreta las señales de la llegada del Mesías. Un folleto que recibí en la calle de parte de miembros del movimiento Lubavitch que compartían su fe, dice que estamos viviendo en los días anteriores a la venida del Mesías:

> Todas las señales indican que estamos acercándonos a los postreros días . . . Es cierto, más allá de toda duda, que la época de redención ha llegado . . . todo lo que se requiere es dar la bienvenida a nuestro justo Moshiach (Mesías), para que pueda cumplir su misión y redimir a toda Israel del exilio.[7]

Al principio de los '90, miembros del Lubavitch, bajo la instrucción de su rabí, empezaron a demandar que Dios enviara al Mesías bajo el lema, "Queremos el Moshiach ahora". Ellos presentaron un punto de vista de los postreros días, al observar los eventos como la caída del comunismo y la protección de Israel durante la primera guerra del Golfo. Tomaron estos como señales de la cercanía de la redención:

> Estamos viviendo en los tiempos más extraordinarios, mientras nuestro mundo se evoluciona hacia un estado de paz, y que la humanidad prospera hacia un estado de perfección. Los tiempos están cambiando, no solamente hacia lo bueno sino hacia lo mejor. Una piedra angular de la fe judía es la creencia que últimamente el bien y la paz tendrán que triunfar. Esta es la esencia del Moshiach que hará llegar la redención final obtenida en la Torá.[8]

Mientras tanto, en su libro Prophecy and Providence (Profecía y providencia), el rabí Sokolovsky argumenta que la época de "lkveta d'Moshiach (los pasos del Mesías, i.e. los últimos días de esta época) serán días de diminución espiritual y problemas. Esto se demuestra por las siguientes citas tomadas del Talmud:

> Tragedia les llegará al final de los días.[9] (Tárgum Yonathan)

> Durante la época que preceden el Moshiach, los precios serán sumamente altos. La viña producirá su fruto, pero el vino será muy costoso.[10] (Sotah 49b)

> Durante la lkveta d'Moshiach (la época anterior al Mesías), la insolencia abundará. Los jóvenes harán avergonzar las caras de los ancianos; los ancianos tendrán que levantarse delante de los jóvenes; los hijos pondrán en vergüenza a los padres; las hijas se levantarán contra sus madres; los miembros de la familia se volverán sus enemigos.[11] (Sotah 49b)

> Durante la lkveta d'Moshiach, el gobierno volverá ateo, y no habrá protesta. La Verdad desaparecerá.[12] (Sanhedrin 97ª, Sotah, 49b)

El Talmud reconoce que las profecías mesiánicas no son muy obvias, y que posibilidades alternas existen sobre la venida del Mesías. El puede venir en triunfo en las nubes del cielo como rey, o montado con humildad en un asno. La manera de Su venida depende del estado espiritual de la generación que tiene alrededor. Puede llegar en gloria a una generación espiritual o en humildad a una generación no espiritual.[13]

Otra explicación para el problema de los diferentes perfiles del Mesías, es la idea de que llegarán dos distintos. El primero, que viene a sufrir y morir, se llama Moshiach ben Yosef (Mesías, hijo de José), queriendo decir que, como José, sufre y es rechazado por sus hermanos. El segundo reinará y se llama Moshiach ben David (Mesías, hijo de David), queriendo decir que reinará en triunfo como el Rey David.14

Mayormente, el judaísmo moderno ha olvidado esta interpretación; ha quitado el Mesías, hijo de José, de sus escritos. Pero este concepto de la venida dos Mesías con diferentes misiones y experiencias es una respuesta rabínica reconocida, frente a los desafíos que presentan el texto de la Biblia.

Una manera diferente para resolver este asunto es desde el punto de vista de dos venidas del mismo Mesías. Primero, El llega como el siervo sufriente (Isaías 53), en humildad montando en un asno, como hizo Jesús cuando, al principio de la semana final antes de su muerte y resurrección, entró en Jerusalén, cumpliendo la profecía de Zacarías. La segunda vez, El vendrá en las nubes del cielo, como Jesús dijo en Su juicio frente al Sanedrín:

¿Eres tú el Cristo, el Hijo del Bendito?

Y Jesús le dijo: Yo soy; y veréis al Hijo del Hombre sentado a la diestra del poder de Dios, y viniendo en las nubes del cielo. (Marcos 14:61-62)

Trataremos este tema en más detalle en el capítulo 10 de este libro, pero antes, veamos a algunos de los argumentos principales que el judaísmo tiene contra las declaraciones de Jesús como el Mesías.

Saldrá una vara del tronco de Isaí, y un vástago retoñará de sus raíces. Y reposará sobre él el Espíritu de Jehová; espíritu de sabiduría y de inteligencia, espíritu de consejo y de poder, espíritu de conocimiento y de temor de Jehová. Y le hará entender diligente en el temor de Jehová. No juzgará según la vista de sus ojos, ni argüirá por lo que oigan sus oídos; sino que juzgará con justicia a los pobres, y argüirá con equidad por los mansos de la tierra; y herirá la tierra con la vara de su boca, y con el espíritu de sus labios matará al impío. Y será la justicia cinto de sus lomos, y la fidelidad ceñidor de su cintura. (Isaías 11:1-5)

CAPÍTULO 5

EL MESÍAS: ¿UN GRAN HOMBRE O UNA PERSONA DIVINA?

◆

Definitivamente, la piedra de tropiezo más grande para poder considerar a Jesús como el Mesías es la creencia cristiana que El es igual a Dios. Yo discutía esta cuestión con un amigo judío ortodoxo. El dijo que de parte de los judíos, semejante idea es totalmente imposible aceptar. Entonces le pregunté, "¿Cuál es su idea en cuanto al Mesías?"

Contestó que el Mesías es un gran hombre, no una persona divina, que trae paz al mundo.

Le respondí que para cualquier hombre, traer paz al mundo sería una tarea enorme y más allá de la habilidad de lo meramente humano. Además, hay un problema lógico: si fuera solamente un gran hombre, ¿qué pasaría cuando muriera?

El sostuvo que el Mesías establecería un nuevo estilo de vida, un nuevo sistema al cual la gente se adaptaría a causa de su enseñanza. Le contesté que el problema con los seres humanos es que no se conforman a ningún sistema.

En su libro, *The Real Messiah?* (*¿El verdadero Mesías?*), el rabí Kaplan busca refutar el punto de vista de Jesús como Mesías, diciendo lo siguiente:

El concepto judío del Mesías es lo que claramente explican los profetas de la Biblia. Es líder de los judíos, fuerte en sabiduría, poder y espíritu. Es él que dará, espiritual y físicamente, una redención completa al pueblo judío. Además, el traerá al mundo entero una paz eterna, amor, prosperidad y perfección moral. El Mesías judío es de origen netamente humano. Nace de padres común y corrientes, y es de carne y sangre como todos los mortales.[1]

¿De modo que *una persona mortal* va a traer una paz *eterna* y perfección? La esencia de ser mortal es que la persona morirá algún día.

Al principio de los '90, algunos miembros del movimiento Lubavitch empezaron a creer que su líder, el rabí Menachem Schneerson, era el Rey Mesías. Posteriormente, él sufrió un derrame cerebral y murió. Sin poder aceptar la idea de que el anciano de más de noventa años había llegado al fin de su vida natural, los protagonistas del pensamiento mesiánico del Lubavitch empezaron a creer ¡que él resucitaría de los muertos! Si hubiera sido distinto a solamente un anciano que murió, sino el Mesías, entonces hubiera habido cierta

> EL MESÍAS VERDADERO REALMENTE TENDRÍA QUE TENER PODER SOBRE LA MUERTE, SI HABRÍA DE ARREGLAR PERMANENTEMENTE LOS PROBLEMAS QUE AFECTAN LA RAZA HUMANA.

lógica en la creencia que se levantaría de los muertos. De otro modo, ¡este punto de vista sería bastante inverosímil!

El Mesías: ¿Un gran hombre o una persona divina

Esta creencia ha sido denunciada como herejía por el judaísmo corriente por una obvia razón, como escribe el rabí David Berger:

> No hay ninguna posibilidad que el rabí se levantaría de los muertos para ser el Mesías. Esto podría ser una posibilidad en la fe cristiana, pero no en el judaísmo. La mera sugerencia es repugnante a todo lo que el judaísmo representa.[2]

Estamos de acuerdo de que no haya ninguna posibilidad de que el rabí se levantara para ser el Mesías. Sin embargo, el Mesías verdadero realmente tendría que tener poder sobre la muerte, si habría de arreglar permanentemente los problemas que afectan la raza humana. De hecho, El tendría que tener una vida interminable y ser una persona eterna. Tendría que estar presente en todo momento, a favor de la gente del mundo con sus problemas. Todo eso significaría que El estaría lejos de ser un hombre normal nacido de padres humanos de sangre y carne.

El Tanaj indica que el Mesías será más que un hombre normal. Hay numerosas Escrituras que señalan Su origen sobrenatural y Su naturaleza divina. En la profecía de Miqueas 5:2, leemos sobre uno que será "Señor en Israel":

> Pero tú, Belén Efrata, pequeña para estar entre las familias de Judá, de ti me saldrá el que será Señor en Israel; y sus salidas son desde el principio, desde los días de la eternidad.

El que saldría de Belén en Judea tendría un origen que es "desde los días de la eternidad" (mimei olam).

¿Quién tiene su origen desde los días de la eternidad? Sólo Dios. Entonces, esta profecía señala a alguien que no sería solamente el "Señor en Israel" (i.e. un rey o gobernador), sino el Mesías. Vendría de Belén en cuanto a su existencia terrenal, pero Su verdadero origen sería desde la eternidad.

El factor del Mesías

En Isaías 9 leemos de alguien que nace como niño, a la vez que es Dios fuerte (el gibbor) y Padre eterno (avi ad):

> Porque un niño nos es nacido, hijo nos es dado, y el principado sobre su hombro; y se llamará su nombre Admirable, Consejero, Dios fuerte, Padre eterno, Príncipe de paz. Lo dilatado de su imperio y la paz no tendrán límite, sobre el trono de David y sobre su reino, disponiéndolo y confirmándolo en juicio y en justicia desde ahora y para siempre. El celo de Jehová de los ejércitos hará esto. (Isaías 9:6-7)

¿Cómo puede ser hijo, y a la vez Padre eterno? Si es una persona mortal reinando en el trono de David, ¿cómo puede establecerlo con juicio y justicia para siempre? ¿Por qué se llama "Dios fuerte"? Una explicación rabínica de estos versículos es que se refieren al piadoso rey Ezequías; pero esto no tiene sentido. El que ha nacido como niño tiene que, a la vez, ser una persona eterna. De hecho, tiene que ser Dios.

En Jeremías 23:5, está escrito que un descendiente de David es claramente identificado como el Rey Mesías. En el siguiente versículo, leemos:

> En sus días será salvo Judá, e Israel habitará confiado; y éste será su nombre con el cual le llamarán: Jehová, justicia nuestra. (Jeremías 23:6)

El nombre dado al Mesías contiene el nombre de la divinidad, una clara indicación de que el Mesías será un ser divino.

Pero ¿cómo puede el Mesías ser una persona divina si hay un solo Dios indivisible, que reina en el cielo? ¿Puede Dios dejar de reinar sobre el universo para venir a la tierra? ¿Alguna vez en el Tanaj Dios tomó apariencia humana?

Oí la grabación de una entrevista en los EE.UU. con una señora judía, Sharon Allen. Ella había crecido en un hogar judío ortodoxo. Su matrimonio con un judío ortodoxo en Nueva York fracasó, entonces fue a vivir con su hija en la costa oeste de los Estados Unidos. Allí, se casó con un hombre de negocios gentil que amaba las costumbres de los judíos y quien también había ayudado a edificar una nueva sinagoga, donde la pareja después asistía. Con el paso del tiempo, Sharon le dijo al esposo, "Eres muy judío. ¿Por qué no te conviertes al judaísmo?" El estaba de acuerdo, entonces le instruyeron que debía hacer tres cosas:

> 1. Ser circuncidado. Ningún problema, porque había sido circuncidado cuando bebé.
>
> 2. Ser sumergido en agua en el mikve (baño ceremonial) para mostrar su identificación con el pueblo judío. Ningún problema.
>
> 3. Aparecer delante del Beth Din (corte religioso) y formalmente renunciar a sus antiguas creencias (en qué o en quién) Problema.

Para el asombro de Sharon, él dijo que no podría renunciar a Jesús. Como él nunca había hablado como cristiano ni asistido a ninguna iglesia durante su matrimonio, ella estaba sorprendida. Pero después, pensó, "No es problema. Todo lo que Dios quiere que sepamos sobre el Mesías está en la Biblia judía. Leeré la Biblia y le mostraré a mi esposo que Jesús no puede ser el Mesías".

Después, oró que Dios le mostrara la verdad sobre el Mesías. Empezó a leer, desde el principio hasta el fin, la Biblia judía en hebreo (que ella entendía bien). Nunca abrió el Nuevo Testamento; pero al leer el Tanaj, le asombraba lo que estaba leyendo y la conclusión a la cual estaba llegando. Por todas partes, encontró referencias a Jesús: los milagros que El iba a hacer, la muerte que iba a sufrir, y que iba a ser recibido por los gentiles.

Aparte de las profecías que hablan del Mesías, no podía entender la persona descrita en la Biblia como el Ángel del Señor, Malach Adonai, que aparecía en ocasiones a personas en la Biblia. Ellas reaccionaron delante de El como viendo a Dios, temiendo morir como resultado. Esta persona hablaba la Palabra de Dios; El tenía el poder de perdonar pecados. ¿Quién era?

Ella empezó a leer comentarios: la serie Artscroll, el comentario de Rashi, y todo otro recurso que pudiera encontrar para dar respuesta a sus preguntas. La conclusión incómoda a la cual estaba llegando era que, lejos de comprobar que Jesús no era el Mesías, la Biblia hebrea le estaba dando razones para creer que sí, lo era. Sin poder encontrar una respuesta que le convenciera, ella habló con su rabí; y él, a su vez, la refirió a los rabíes principales anti-misioneros. Finalmente, en la escuela de su hija, asistió a una conferencia por el rabí Immaneul Shochet sobre por qué los judíos no podrían creer en Jesús.

El dijo que ninguna persona judía que había sido criada en un hogar judío kosher y que guardaba todas las tradiciones podría creer en "ese hombre" (Jesús). Al final, durante el tiempo de preguntas, Sharon levantó la mano y le dijo que ella había crecido en un hogar judío kosher y había guardado todas las tradiciones; pero que cuanto más estudiaba la Biblia judía, más llegaba a ver que Jesús llenaba las expectaciones judías para ser el Mesías.

El mayor problema teológico que presentó al rabí era la pregunta sobre la apariencia del Señor en la Biblia judía. La conclusión lógica a la cual estaba llegando era, "Si Dios puede aparecer en forma humana a los patriarcas, ¿por qué se considera imposible que Dios apareciera en forma humana en la persona del Mesías?" Si eso es cierto, entonces se quita una de las objeciones principales del judaísmo contra Jesús como el Mesías. El rabí, considerado como experto para refutar la idea de Jesús como el Mesías no pudo contestar, a su satisfacción, las inquietudes de Sharon, de modo que ella decidió leer el Nuevo Testamento. Al llegar a este punto, todos sus argumentos fueron borrados, y llegó a la conclusión de que Jesús es el Mesías.3

¿La Biblia judía identifica a Dios como una unidad plural, permitiendo la posibilidad de ver a Jesús como el Mesías? ¿O describe a Dios como una unidad indivisible, clave para rechazar esto? ¿Apareció Dios en forma humana en la Biblia judía?

Leemos en el primer versículo de la Biblia, "En el principio creó Dios los cielos y la tierra" (Génesis 1:1).

La palabra para "Dios" (Elohim) es un sustantivo masculino plural. La palabra para "crear" (bara) es un verbo singular. El mismo primer versículo de la Biblia, con un sustantivo plural y verbo singular, presenta la posibilidad de Dios como una entidad plural. En Génesis 1:26, Dios dijo, "Hagamos al hombre a nuestra imagen, conforme a nuestra semejanza". ¿Por qué no es "Hago al hombre a mi imagen"? No puede ser que Dios esté hablando a los ángeles, porque el hombre no es hecho a la imagen de ángeles. La explicación rabínica es que la majestad se expresa en plural; pero esto no tiene sentido, porque no hay ningún ejemplo en la Biblia donde reyes utilicen el plural para identificarse. La explicación aquí y en otras ocasiones cuando Dios se refiere a sí mismo en el plural (Génesis 11:7, Isaías 6:8) es que Dios es una unidad plural.

La Biblia, especialmente la Torá, tiene ejemplos de manifestaciones físicas cuando Dios aparece a las personas. En Génesis 3:8, leemos que Adán y Eva "oyeron la voz de Jehová Dios que se paseaba en el huerto, al aire del día; y el hombre y su mujer se escondieron de la presencia de Jehová Dios entre los árboles del huerto". Eso se refiere a una presencia física, alguien que pasea en el huerto, de quien Adán y Eva pensaban esconderse.

En Génesis 18:1, leemos, "Después le apareció Jehová (a Abraham) en el encinar de Mamre". El texto habla de tres varones que llegaron, a quienes Abraham dio comida. Es interesante que rompe las leyes rabínicas (no levíticas) tocante la comida kosher, sirviendo leche a la vez que sirve carne[4]:

> Tomó también mantequilla y leche, y el becerro que había preparado, y lo puso delante de ellos; y él se estuvo con ellos debajo del árbol, y comieron. (Génesis 18:8)

El Señor después le dice a Abraham que Sara su mujer tendría un hijo (Génesis 18:9-15). Después, los varones salen hacia Sodoma. Aunque el texto no dice que dos de ellos salen, al llegar al capítulo 19, versículo 1, dice que los dos ángeles (los que salieron en Génesis 18:16) llegaron a Sodoma. Después de la salida de los varones (ángeles) en el versículo 16, el Señor comparte con Abraham lo que Él va a hacer para la destrucción de Sodoma (Génesis 18:17-32). Después que el Señor

Ilustración de Abraham y sus tres visitas

había escuchado la intercesión de Abraham pidiendo misericordia a favor de Sodoma, dice el texto:

> Y Jehová se fue, luego que acabó de hablar a Abraham; y Abraham volvió a su lugar. (Génesis 18:33)

Las implicaciones de todo esto es que los tres "varones" que Abraham ve al principio del capítulo 18 son dos ángeles que después siguen a Sodoma, mientras el Señor se queda hasta el fin del capítulo. Entonces, el Señor aparece en forma física, juntamente con dos ángeles, y come con Abraham.

En Génesis 32, Jacob tiene un encuentro cuando va a entrar en la tierra prometida, juntamente con sus esposas y sus rebaños, después de veinte años de ardua labor para Labán, el sirio. Oró a Dios, temiendo la venganza de Esaú, su hermano, a causa de haber tomado su primogenitura y la bendición de su padre (Génesis 27). Para aplacar a Esaú, le envía delante regalos; y divide en varios grupos a su familia y sus rebaños, esperando así mejor protección contra un ataque. Después, Jacob está solo cuando tiene su encuentro.

> Así se quedó Jacob solo; y luchó con él un varón hasta que rayaba el alba. Y cuando el varón que no podía con él, tocó en el sitio del encaje de su muslo, y se descoyuntó el muslo de Jacob mientras con él luchaba. (Génesis 32:24-25)

Para comprobar que no era algo imaginario, Jacob después quedó cojo (Génesis 32:31).

No hay nada más real físicamente que una lucha durante toda una noche. La persona con quien uno lucha obviamente tiene que tener un cuerpo físico. Entonces ¿quién era ese hombre desconocido? Los versículos que siguen dan la respuesta:

> Y dijo (el varón): Déjame, porque raya el alba.

> Y Jacob le respondió: No te dejaré, si no me bendices.

> Y el varón le dijo: ¿Cuál es tu nombre?
>
> Y él respondió: Jacob.
>
> Y el varón le dijo: No se dirá más tu nombre Jacob, sino Israel; porque has luchado con Dios y con los hombres, y has vencido.
>
> Entonces Jacob le preguntó, y dijo: Declárame ahora tu nombre.
>
> Y el varón respondió: ¿Por qué me preguntas por mi nombre? Y lo bendijo allí.
>
> Y llamó Jacob el nombre de aquel lugar, Peniel; porque dijo: Vi a Dios cara a cara, y fue librada mi alma. (Génesis 32:26-30)

La única conclusión posible tomar de estos versículos es que Jacob identificó al varón con quien había luchado era Dios.

Entonces, de estas citas vemos que los humanos habían tenido contacto con un ser que aparecía en forma humana pero a quien ellos identificaban como Dios. El paseó en un huerto, El recibió comida, y El luchó: todas estas actividades son muy físicas.

Jacob, al final de su vida, mientras bendijo a José con sus hijos, recordaba los encuentros sobrenaturales de su vida, y los relacionó con el "Ángel" quien le había cuidado:

> Y bendijo a José, diciendo: El Dios en cuya presencia anduvieron mis padres Abraham e Isaac, el Dios que me mantiene desde que yo soy hasta este día, el Ángel que me liberta de todo mal, bendiga a estos jóvenes. (Génesis 48:15-16)

Estos versículos dicen que este Ángel es igual a Dios, él que le ha redimido y cuya bendición pide para José y los nietos de Jacob.

Más adelante, en Éxodo 14, leemos del Ángel del Señor (Malach Adonai), que iba delante de los israelitas, para llevarlos a la tierra prometida y pelear contra sus enemigos. En cuanto a este Ángel, el Señor dice:

> Guárdate delante de él, y oye su voz; no le seas rebelde; porque él no perdonará vuestra rebelión, porque mi nombre está en él. (Éxodo 23:21)

Aparentemente, la autoridad de Dios le ha sido delegada, y que sus palabras son iguales a las palabras de Dios.

Tiene en él, el nombre de Dios, y su nombre implica Su naturaleza. También tiene poder para perdonar o no las transgresiones, algo que solo pertenece a Dios.

En el libro de Jueces, el Ángel del Señor aparece a Manoa y a su esposa, diciéndoles que tendrán un hijo (Sansón) que será nazareo (dedicado a Dios). Ellos preguntan al ángel su nombre, y El contesta, "¿Por qué preguntas por mi nombre, que es admirable?" (Jueces 13:18). La palabra en hebreo utilizada aquí es peli, asociada con las maravillas de Dios. Después de haber hecho ofrenda al Señor, el Ángel del Señor subió en la llama del altar. Manoa dijo a su esposa, "Ciertamente moriremos, porque a Dios hemos visto" (Jueces 13:22). En otras palabras, reconocen al Ángel del Señor como igual a Dios.

Una profecía mesiánica principal se encuentra en Zacarías 14 cuando habla del rescate de Israel de parte del Señor, contra las naciones que se juntan contra Jerusalén en los últimos días. Dice el texto:

> Después saldrá Jehová y peleará con aquellas naciones, como peleó en día de la batalla. Y se afirmarán sus pies en aquel día sobre el monte de los Olivos, que está en frente de Jerusalén al oriente. (Zacarías 14:3-4)

Otra vez, la palabra que se usa para designar al Señor es el nombre para Dios en hebreo.

El factor del Mesías

Los judíos ortodoxos creen que este pasaje trata del Mesías, que llega en los postreros días. El monte de Olivos actualmente está lleno de lápidas. Es el lugar más prestigioso donde sepultarse porque se cree que el Mesías llegará al monte de los Olivos, y que los sepultados allí serán los primeros en resucitarse. El problema teológico para los judíos ortodoxos es que si decimos que Zacarías 14 trata del Mesías (¡afirmativo!), al Mesías lo llama con el nombre de Dios. No solo esto, sino que tiene pies que estarán sobre el monte de Olivos. Si tiene pies, ¡debe a la vez tener el cuerpo entero!

También leemos de uno a quien le llama el Hijo de Dios en la Biblia judía. El Salmo 2, pasaje paralelo a Zacarías 14, habla del trato del Señor con las naciones en lucha y rebelión contra El. Dios contesta así:

> Pero yo he puesto mi rey sobre Sión, mi santo monte.
> (Salmo 2:6)

De él se dice:

> Mi hijo eres tú; yo te engendré hoy. Pídeme, y te daré por herencia las naciones, y como posesión tuya los confines de la tierra. (Salmo 2:7-8)

En Proverbios 30:4, hay una serie de preguntas:

> ¿Quién subió al cielo, y descendió? ¿Quién encerró los vientos en sus puños? ¿Quién ató las aguas en un paño? ¿Quién afirmó todos los términos de la tierra?

Se supone que la respuesta a todas estas preguntas es Dios. Pero Proverbios 30:4 termina el versículo con la pregunta:

> ¿Cuál es su nombre, y el nombre de su hijo, si sabes?

El Mesías: ¿Un gran hombre o una persona divina

¡Buena pregunta!

Cuando Nabucodonosor manda echar a los tres varones al horno de fuego ardiendo por rehusar adorar su imagen, ellos son rescatados sobrenaturalmente por uno identificado como el Hijo de Dios:

> He aquí yo veo cuatro varones sueltos, que se pasean en medio del fuego sin sufrir ningún daño; y el aspecto del cuarto es semejante a hijo de los dioses.* (Daniel 3:25)

Los encuentros anotados aquí entre Dios y las personas en la Biblia judía indican que Dios aparecía en forma reconocible por los humanos. A menudo aparecía como un hombre. A veces lo llaman el Ángel del Señor, otras veces no. Frecuentemente la palabra en hebreo utilizada en estas Escrituras contiene el nombre de divinidad que el judaísmo considera tan santo que no les es permitido pronunciar. Profecías significativas sobre la venida del Mesías implican que tendrá una naturaleza divina y que es mucho más que solamente un gran hombre.

Pero ¿no descarta esta posibilidad la Shema, la declaración básica de fe del judaísmo? Leemos en Deuteronomio 6:4, "Oye, Israel: Jehová nuestro Dios, Jehová uno es". Si Dios es uno, entonces ¡no puede ser tres!

Ciertamente no puede haber tres dioses, pero la Shema no descarta la posibilidad de Dios como una unidad plural o tres-en-uno. Es interesante que contiene el nombre de Dios dado tres veces: dos como el nombre divino que se pronuncia "Adonai"[5] y una vez como Eloheinu. Este último es una forma de Elohim, el nombre de Dios en Génesis 1:1, con el sufijo "-enu" utilizado en la forma hebrea para decir "nuestro Dios". En resumen, la palabra básica, Elohim, es la palabra plural para Dios.

La palabra echad que se utiliza en Deuteronomio 6:4 indica uno, pero también en el sentido de una unidad compuesta por más que uno solo. Por ejemplo, en Génesis 2:24 leemos:

---

*En ingles, King James Version, "Hijo de Dios" (Nota de la Tr).

Por tanto, dejará el hombre a su padre y a su madre, y se unirá a su mujer, y serán una sola carne.

La palabra en hebreo para una sola carne es *basar echad*. Llegan a ser uno (echad) a través de la unión sexual, pero siguen siendo dos personas. En Jueces 20:1, leemos que Israel se reunió "como un solo hombre" (*ish echad*) delante del Señor. Se une como un solo pueblo, pero a la vez son muchas personas individuales.

Hay otra palabra para uno, que es *yachid*, utilizada en Génesis 22:2, cuando Dios le dijo a Abraham tomar "tu hijo, tu "*único*", para ofrecerle como sacrificio. Esta palabra señala que Isaac es *uno* en el sentido absoluto individual. Si el texto en Deuteronomio 6:4 hubiera usado yachid para Dios, tendríamos que admitir que el judaísmo, el islam y aun los Testigos de Jehová tuvieran razón, que Dios es una unidad indivisible. Tendríamos que decir que es una imposibilidad el concepto de Dios como una unidad de tres o el Mesías como una persona divina. Pero no es así; se utiliza la palabra echad, que permite la posibilidad de que Dios sea una unidad plural. No lo comprueba, pero aquí el punto importante es que no lo niega tampoco.

Un libro fascinante (aunque difícil) sobre este tema es *The Great Mystery* (*El gran misterio*), por Hirsch Prinz. Escrito en el siglo 19, este libro cita en forma extensa escritos judíos, que demuestran que eruditos judíos han luchado mucho tiempo con el problema de la unidad de Dios como revelada en la Biblia hebrea. El cita algunos escritos asombrosos que revelan un punto de vista dentro del judaísmo de Dios como unidad plural. Menciona *memra* (que significa *palabra* en el arameo) por quien fue hecho el mundo, también conocido como "El Pilar Intermedio" y el Ángel del Pacto (también conocido como "Metatron", quien revela Dios a la humanidad). Se refiere a un comentario de la Shema (Deuteronomio 6:4) sobre la triple mención del nombre de Dios.[6] Presento estas citas, no para comprobar lo que he dicho, sino para demostrar las luchas que los rabíes han experimentado:

> Así mi maestro, el rabí Simeon ben Jochal, me enseñó (Sohar, vol. 3, p. 26) que estas tres partes de Dios son tres Espíritus,

cada uno existiendo en sí mismo, pero unidos en Uno. Sus palabras son estas: "Así los tres Espíritus están unidos en uno. El Espíritu que es hacia abajo (contando hasta tres) quien es llamado el Espíritu Santo; el Espíritu que es el pilar de en medio, quien se llama el Espíritu de Sabiduría y de Entendimiento, también llamado el Espíritu abajo. El Espíritu arriba es escondido en secreto; en El existen todos los Espíritus santos (el Espíritu Santo y el pilar de en medio) y todo lo que es luz (literal: todas las caras dando luz).[7]

El prosigue demostrando como la antigua paráfrasis de la Biblia por Jonathan ben Uzziel enseña que Dios creó todas las cosas a través de la Palabra (memra), quien no fue creado y que es auto-existente:

Que esta Palabra es la Palabra esencial y no creada, uno de (las Tres Cabezas) que son Uno, es evidente porque El es el Creador del hombre, como la Parafrásis de Jerusalén, de Jonathan ben Uzziel (Génesis 1:27) me enseña fielmente, diciendo:

"Y la Palabra de Jehová creó al hombre a Su Semejanza; a semejanza de Jehová, Jehová creó; varón y hembra El los creó"[8]

El da un número de referencias a los escritos rabínicos sobre la naturaleza Divina del Ángel del Pacto, o el Ángel de Dios que apareció a los Patriarcas; y que llevó a los israelitas de Egipto al desierto. Comentando sobre Génesis 31:11 ("Y el ángel de Dios me habló por sueños"), cita el rabí Moses ben Nachman:

Según esta verdad, este Ángel prometido, el Ángel el Redentor, en quien es el gran nombre; porque en el Señor Jehová hay fortaleza eterna, la Roca de los Siglos. Es el mismo quien ha dicho, "Yo soy el Dios de Betel" (Génesis 31:13). Las Escrituras Le llaman Ángel Malach (Embajador), porque es a través de esta designación de Embajador que aprendemos que el mundo es gobernado por El.[9]

Se cita en forma extensa un comentario del rabí Bechai sobre Éxodo 23:21 sobre el Ángel mencionado arríba:

> Este Ángel no es uno de las inteligencias (creadas) que pueden pecar . . . este Ángel es uno de los nherentes . . . "Porque El no perdonará sus transgresiones." Porque El pertenece a la clase de Seres que no puede pecar; en verdad El es Metatron, el Principe de Su faz (de Dios) de modo que se dice: "para guardarte en el camino".[10]

Continúa diciendo que Dios se hace conocer en el mundo por medio de este Ángel, y quien debe ser obedecido como Dios; tiene poder para perdonar (o no) el pecado, lo que no es permitido a ninguna de las inteligencias creadas.[11] Entonces, si él no es creado, ¿Quién es? Este comentario claramente distingue entre los ángeles creados, que tienen poder para pecar, y este Ángel, aparentemente diferente en su naturaleza de todo ser creado.

El mismo tema se desarrolla para mostrar como la memra (Palabra) no solo se describe como el Ángel de Dios, sino también "Metatron" en los escritos rabínicos. Sobre esta figura desconocida, se cita el rabí Semeon be Yochai en Zohar, volumen 3, página 227, edición Amsterdam:

> El pilar de en medio (de Dios) es el Metatron, que ha establecido paz arriba, según el estado glorioso ahí.[12]

El rabí Bechai (Zohar, página 114, columna 1, edición Amsterdam) dice de Metatron:

> Dios dijo a Moisés, suba al Señor; este es Metatron Se llama por este nombre Metatron, porque este nombre tiene dos significados que indican Su carácter. El es Señor y Mensajero. También hay una tercera idea conectada con el nombre Metatron: significa guardador; porque en el idioma caldeo, un guardador (o vigilante) es llamado "Matherath"; y porque El es el guardador (protector) del mundo, llamado "El guardador de

Israel" (Salmo 121:4). A través del significado de Su nombre, aprendemos que El es Señor sobre todo lo que hay debajo; porque todas las huestes del cielo, y todas las cosas en la tierra son puestas bajo Su poder y dominio.[13]

Comentando sobre el Salmo 2:7, "Mi hijo eres tú; Yo te engendré hoy," el rabí cita "Tikunei Ha Zohar":

> Hay un hombre perfecto, que es un Ángel. Este Ángel es Metatron, el guardador de Israel; El es un hombre a la imagen del Santo, bendito El, que es una Emanación de El (Dios); sí, El (el Metatron) es Jehová (Adonai); de El no se puede decir que es creado o hecho; sino que El es la Emanación de Dios.[14]

¿Se habla de un hombre perfecto, que es un Ángel y es el Señor? Si los rabíes pueden llegar a esta conclusión sobre el ser desconocido que aparece por todas partes de la Biblia hebrea, ¿por qué se considera imposible que la revelación final de esa persona fuera El que naciera en forma humana para vivir entre nosotros? ¿Es la memra (Palabra) que los rabíes dicen ser activa en la creación, el mismo *logos* (Palabra) revelado en el primer capítulo de Juan, la Palabra encarnada en forma humana, y por quien fue hecha la creación? Dado que Juan era discípulo judío de Jesús, y no filósofo griego, ¿no es razonable deducir que él, al escribir su Evangelio, estaba pensando en el concepto rabínico de la memra, en lugar del concepto griego del Logos del filósofo Platón, idea que a menudo es enseñada en universidades teológicas cristianas?

Referente a la palabra memra, los autores judíos la usan para explicar que Dios tomó forma para crear los cielos y la tierra, y también para aparecer de una manera que los humanos podrían distinguir. Cuando leemos cómo se hizo la creación, encontramos que Dios creó diciendo las palabras: "Y dijo Dios: Sea la luz; y fue la luz". Por todo el capítulo 1 de Génesis, vemos la frase "va yomer Elohim", o sea "Y dijo Dios". ¿Por qué la Biblia utiliza esta frase, "Y dijo Dios" cuando El creó el universo? La implicación es que hay una fuerza creativa en Sus palabras para hacer aparecer el universo. Dios habló y se hizo.

Cada vez que la palabra se pronuncia, aparece lo que Dios había dicho (luz, tierra, mar, seres vivientes del mar, de la tierra, pájaros, seres humanos). Esto hizo que los eruditos judíos buscaran una explicación de cómo Dios, que se considera "no palpable" y sin límites de tiempo o espacio, pudiera crear un universo físico. La respuesta provee una conexión entre el Dios invisible y Su creación, que los rabíes llamaban la palabra o memra, de la palabra hebrea imra, El habló. En Génesis 1, Dios habló la palabra y el mundo material vino a existir.

Encontramos este concepto de la memra centenares de veces en los Targums arameos, o sea, las traducciones y paráfrasis de las Escrituras hebreas que se leían en las sinagogas antes de venir Jesús, durante Su tiempo, y después. El Targum para Génesis 1:27, "Creó Dios al hombre" dice "La Palabra (memra) del Señor creó al hombre". Génesis 3:8 dice, "Y oyeron la voz de Jehová Dios que se paseaba en el huerto". El Targum, dice, "Y oyeron el sonido de la Palabra (memra) de Jehová Dios que se paseaba en el huerto". Éxodo 20:1 (los Diez Mandamientos) dice, "Y habló Dios todas estas palabras". El Targum, dice, "Y la Palabra (memra) del Señor habló todas estas palabras". El Targum de Deuteronomio 4:7 dice "La Palabra (memra) del Señor . . . (oye) todo cuanto le pedimos". Leemos en Isaías 45:17, "Israel será salvo por la Palabra (memra) del Señor".

Seguramente pensaba Juan en Él cuando empezó su Evangelio con estas palabras:

> En el principio era el Verbo, y el Verbo era con Dios, y el Verbo era Dios. Éste era en el principio con Dios. Todas las cosas por él fueron hechas, y sin él nada de lo que ha sido hecho fue hecho. En él estaba la vida, y la vida era la luz de los hombres. La luz en las tinieblas resplandece, y las tinieblas no prevalecieron contra ella . . . Y aquel Verbo fue hecho carne, y habitó entre nosotros (y vimos su gloria, gloria como del unigénito del Padre), lleno de gracia y de verdad. (Juan 1:1-5, 14)

CAPÍTULO 6

¿PODEMOS CREER EN EL NACIMIENTO VIRGINAL?

En el último capítulo, hice referencia a la enseñanza del rabí Kaplan de que "el Mesías judío es de origen netamente humano. Nace de padres humanos común y corrientes, y es de carne y sangre como todos los mortales". El Nuevo Testamento claramente explica que había algo muy excepcional en cuanto a Su nacimiento, y que no fue concebido de manera normal con padres común y corrientes. Esta concepción excepcional se ve en el cumplimiento de Isaías 7:14:

> Por tanto, el Señor mismo os dará señal: He aquí que la virgen concebirá, y dará a luz un hijo, y llamará su nombre Emanuel.

¿Nació Jesús de una virgen, como dice la profecía de Isaías 7:14?
En un debate público sobre el tema, ¿Era Jesús el Mesías?", el rabí Shmuley Boteach dijo desde la plataforma que todo cristiano que sostiene que Isaías 7:14 es una profecía del nacimiento virginal de Jesús, demuestra deshonestidad intelectual. Pero esto significaría que los cristianos tendrían que rechazar el Nuevo Testamento, porque Mateo escribe del tema, citando Isaías 7:14 en cuanto al nacimiento de Jesús, diciendo:

El factor del Mesías

Todo esto aconteció para que se cumpliese lo dicho por el Señor por medio del profeta, cuando dijo: He aquí, una virgen concebirá y dará a luz un hijo, y llamarás su nombre Emanuel, que traducido es: Dios con nosotros. (Mateo 1:22-23)

Aunque Jesús, en Su vida pública, nunca fue llamado Emanuel, el Nuevo Testamento enseña que El, literalmente, era "Dios con nosotros", Emanuel, con una naturaleza humana y divina.

Jesús también dijo que los detalles de Su vida y ministerio fueron profetizados en las Escrituras (i.e. el Tanakh, Antiguo Testamento):

Escudriñad las Escrituras; porque a vosotros os parece que en ellas tenéis la vida eterna; y ellas son las que dan testimonio de mí. (Juan 5:39)

Hay dos opciones: que Jesús tenía razón, que hablan de Él las Escrituras escritas siglos antes de Su llegada, y que El es el Mesías y digno de ser escuchado; o que El se equivocó, las Escrituras no dicen nada de El, estaba engañado y debe ser rechazado.

Si los cristianos, para ser honestos intelectualmente según el rabí Boteach, tienen que rechazar el Nuevo Testamento y las palabras de Jesús, no les queda mucho en qué creer; así, deben rechazar su fe en forma total. ¿Por qué creer en alguien engañado, con una idea tan alta de su propia importancia que pensara que las palabras escritas centenares de años antes se referían a él? ¿Por qué poner cuidado a un libro que sostiene que Jesús cumplió las profecías, si no fuera cierto? Si yo dijera que lo que escribieron Chaucer o Shakespeare tuviera profecías de mi vida, la gente me consideraría un loco.

Es verdad que hay cristianos con el punto de vista del rabí Boteach. El intelectualismo cristiano liberal está liderando el esfuerzo de minar la fe cristiana desde adentro, a la vez que los adversarios judíos y musulmanes utilizan sus argumentos para atacar el cristianismo. Pero los judíos ortodoxos como el rabí Boteach deben tener cuidado al utilizar los argumentos del clero cristiano liberal. Los mismos que socavan la fe cristiana sobre el nacimiento virginal, los milagros de

Jesús, Su resurrección y la segunda venida también niegan que la Torá es la inspirada e infalible Palabra de Dios. Ellos minan la fe en Génesis sobre la creación, los eventos de Éxodo, y el pacto de Dios con Israel. En este libro, no trataremos el debate sobre la interpretación liberal o literal de la Biblia, pero de paso comento que mi punto de vista de las Escrituras es "Toda la Escritura es inspirada por Dios, y útil para enseñar, para redargüir, para corregir, para instruir en justicia" (2 Timoteo 3:16). Acepto la interpretación literal de los eventos históricos y proféticos en las Escrituras.

ISAÍAS 7:14: ¿CUÁLES SON LOS PUNTOS DE VISTA?

Hay dos argumentos principales contra aplicar esta profecía a Jesús:

- La palabra *almah* en hebreo debe traducirse *mujer joven*, no virgen. Este pasaje en el contexto no es una profecía sobre el nacimiento virginal del Mesías, sino es una temporal, dado al rey Acaz sobre sus temores de una invasión por las fuerzas de una alianza entre Rezín, rey de Siria y Peka, rey de Israel.

- En el contexto del pasaje, no es una profecía del nacimiento virginal del Mesías, sino una profecía a corto plazo para el rey Acaz, que teme un ataque por las fuerzas de la alianza entre Rezín, rey de Siria; y Peka, rey de Israel.

ALMAH (HMLU) O BETHULAH (HLWTB)

El argumento principal relacionado con este pasaje dice que si el texto hubiera sido escrito para enfatizar la virginidad de la mujer, la palabra hebrea *bethulah* debería haberse utilizado en lugar de almah.

1. Aunque bethulah se utiliza muchas veces en la Biblia para decir virgen, hay ocasiones cuando su uso exclusivo como virgen es discutible. En Génesis 24:16, el pasaje sobre la búsqueda del criado de Abraham de una mujer para Isaac, se utiliza bethulah.

El factor del Mesías

Obviamente, era de suma importancia que la mujer de Isaac (Rebeca) fuera virgen. El texto dice: "Ahora la mujer joven (*ha na'ar* en hebreo) era muy hermosa, una virgen (bethulah); *ningún hombre la había conocido* (énfasis añadido). Si la palabra bethulah siempre significara virgen, la frase "ningún hombre la había conocido" habría sido innecesaria. Sería como decir, "La mujer joven es virgen. Nunca ha tenido sexo con un hombre". La Biblia utiliza una economía de palabras y no ocupa espacio con frases innecesarias. La idea de esta frase es que bethulah por si solo no es suficiente en sí para expresar que la mujer joven definitivamente era virgen. Como su virginidad es algo muy importante para poder ser idónea para ser la mujer de Isaac, eso se dice en forma explícita. Es interesante que se utiliza almah para Rebeca más adelante (Génesis 24:43), ya que su virginidad había sido establecida. Hay una referencia similar en Jueces 21:12, donde la frase "ningún hombre la había conocido" se añade a la palabra bethulah.

2. En Joel 1:8, bethulah se utiliza para una mujer que llora por "el marido de su juventud". Se supone que ya no es virgen.
3. Bethulah también se utiliza para naciones paganas conocidas por su inmoralidad. "Virgen ("bethulah"), hija de Babilonia" (Isaías 47:1), ". . . virgen hija de Sidón" (Isaías 23:12), y ". . . virgen hija de Egipto" (Jeremías 46:11). En el contexto, todas estas naciones enfrentan el juicio de Dios a causa de su inmoralidad.

No dudo que si Isaías hubiera usado bethula en Isaías 7:14, ¡el rabí Boteach habría estado citando estas Escrituras para demostrar que el profeta debe haber utilizado almah, si quería enfatizar la virginidad de la mujer joven!

La palabra almah se usa siete veces en la Biblia. En ningún caso, se usa para describir una mujer casada. En cinco ocasiones, no hay duda de la virginidad de la mujer:

1. Génesis 24:43: Obviamente, en este texto, Rebeca es una virgen soltera.
2. Éxodo 2:8: María (hermana de Moisés) también.

3. Salmo 68:25: Se describe una procesión de doncellas (mujeres solteras) con panderos adorando a Dios yendo al templo. Para poder participar en una adoración aceptable a Dios, como dice este Salmo, las doncellas (*almoth*, plural de *almah*) tendrían que ser vírgenes.
4. Se utiliza en Cantares 1:3, como contraste a las esposas y concubinas de Salomón, obviamente ya no vírgenes.
5. Se utiliza de la misma manera en Cantares 6:8.

Un sexto caso se encuentra en Proverbios 30:18-19, lo que el rabí Boteach utilizó en su debate sobre Jesús.

> Tres cosas me son ocultas; aun tampoco sé la cuarta: El rastro del águila en el aire; El rastro de la culebra sobre la peña; El rastro de la nave en medio del mar; Y el rastro del hombre en la doncella. (almah)

Después de este versículo, el siguiente (20) dice:

> El proceder de la mujer adúltera es así: Come, y limpia su boca, y dice: No he hecho maldad.

El rabí Boteach sostiene que el versículo 20 continúa el pensamiento del versículo anterior y que la palabra almah utilizada se refiere a "una mujer adúltera" y no a una virgen. Sin embargo, la palabra "ocultas" del versículo 18 (*niflu*) se utiliza cuando algo positivo sigue, no algo negativo. La estructura de Proverbios es de frases cortas, que a menudo indican un contraste entre sí. En este caso, la mujer adúltera es contrastada con "almah" del versículo 19.

Ahora, llegamos al versículo que estamos examinando, Isaías 7:14. La raíz de "almah" implica una mujer madura sexualmente pero que no se ha casado todavía. La expectación normal de la cultura antigua judía era que una mujer soltera siempre sería virgen, suposición también de nuestra cultura (EE.UU.) hasta hace poco.

En alemán, la palabra para virgen es *jungfrau*, que literalmente significa una *mujer joven*. En los tiempos bíblicos, la mujer comprometida que no fuera encontrada virgen, según Deuteronomio 22:13-21, tendría que morir. La Septuagésima (traducción por eruditos judíos de las Escrituras en hebreo al griego) utiliza la palabra griega parthenos para traducir almah de Isaías 7:14. Los estudiosos judíos que hicieron esta traducción alrededor de 200 a.C. obviamente no habrían tenido en mente el nacimiento virginal de Jesús, concepto tan importante para los cristianos. Los traductores judíos estaban más cerca al texto original que nosotros hoy en día. La palabra *parthenos* significaba textualmente virgen en griego, demostrando que su entendimiento pre-cristiano sobre el asunto era que una virgen iba a concebir un hijo.

En el texto, una almah "concebirá" parece negar su virginidad. Por eso, esta condición se llama señal (*oth*) o milagro dado por Dios. No hay nada milagroso cuando una mujer joven espera un niño en forma normal. Y si una mujer joven soltera está encinta de manera normal, hay fornicación. Es imposible pensar que Dios diera una señal usando la inmoralidad sexual. Entonces, tienen razón los cristianos que insisten que la palabra almah de este versículo indica la virginidad de la persona. No son deshonestos intelectualmente como declara el rabí Boteach.

LA PROFECÍA EN EL CONTEXTO: TRES POSIBLES INTERPRETACIONES

1. Es una profecía de corto plazo para el rey Acaz sobre el peligro hacia su reino.
2. Es una profecía a largo plazo para el rey, pero también es de largo plazo sobre el Mesías (i.e. la profecía tiene dos aplicaciones).
3. Hay dos profecías: una para el rey Acaz sobre el peligro para su reino, y una para la casa de David acerca del nacimiento del Mesías.

La primera opción es la preferida por el rabí Boteach, y se utiliza para descartar cualquier referencia al Mesías. La segunda es utilizada por muchos cristianos, implicando que Isaías 7:14 es para el rey Acaz y que también es una profecía del Mesías. La tercera opción es la que veremos a continuación en este capítulo.

EL TRASFONDO DEL PASAJE

Para poder entender este versículo, hay otras dos citas que queremos observar:

> Y pondré enemistad entre ti y la mujer, entre tu simiente y la simiente suya; ésta te herirá en la cabeza, y tú le herirás en el calcañar. (Génesis 3:15)

Según la primera profecía mesiánica en la Biblia, la "simiente" de "la mujer" es la que herirá la cabeza de la serpiente (i.e. Satanás). Una herida en la cabeza es de muerte, mientras que una herida al calcañar es dolorosa pero no mortal. En otras palabras, un golpe de muerte se le dará a Satanás, a la vez que el dador del golpe sufrirá en el proceso pero no hay destrucción. Quiere decir que el que nace de "la mujer" librará a la humanidad del poder del mal. "La mujer" aquí es una mujer específica que dará a luz un hijo específico. En esta profecía hay algo sobrenatural, ya que la "semilla" (esperma) en una reproducción sexual es del hombre; pero aquí el énfasis es sobre la "semilla" de la mujer.

Después de este versículo hay muchas referencias a "semilla" en la Biblia. Dios le dice a Abraham, "En tu simiente serán benditas todas las naciones de la tierra" (Génesis 22:18). La prometida semilla es el Mesías que traerá bendición a todos los pueblos de la tierra. Su línea se sigue en las genealogías de la Biblia desde Adán y Eva hasta Set, Noé, Sem, Abraham, Isaac, Jacob, Judá, Isaí y David (nombrando los más destacados).

Satanás odia esta "semilla", porque sabe que la venida del Mesías le dará golpe mortal a su reino. Lógicamente, también, es hostil a la mujer y su línea, de donde el Mesías vendrá. Entonces, el enemigo hace todo lo que pueda para prevenir esto, *buscando erradicar la línea mesiánica*.

El segundo versículo que debemos mirar es la profecía dada por el profeta Natán al rey David.

> Y cuando tus días sean cumplidos para irte con tus padres, levantaré *descendencia* después de ti, a uno de entre tus hijos, y afirmaré su reino. El me edificará casa, y yo confirmaré su trono eternamente. Yo le seré por padre, y él me será por hijo; y no quitaré de él mi misericordia, como la quité de aquel que fue antes de ti; sino que lo confirmaré en mi casa y en mi reino eternamente, y su trono será firme para siempre. (I Crónicas 17:11-14, énfasis añadido)

Por un lado, esta profecía habla de la línea de reyes que iban a seguir a David, pero eso no es el significado completo del versículo. También habla de la descendencia del rey David, y el que será el Mesías.

El hijo de David, el rey Salomón, reinó por cuarenta años. Murió después de dejar al Señor y adorar a dioses ajenos por la influencia de sus muchas mujeres (1 Reyes 11). Como resultado, el reino fue dividido entre Israel (con diez tribus) bajo el rey Jeroboam; y Judá (dos tribus) bajo el rey Roboam, hijo de Salomón. El reino de Israel, en el norte, siempre estaba fuera de la voluntad de Dios porque Jeroboam desechó las leyes de la Torá haciendo dos becerros para adoración y haciendo sacerdotes de gente común. También hizo días festivos que no se conformaban a la ley de Dios (1 Reyes 12:26-33).

El reino de Judá, en el sur, tuvo algunos reyes buenos, otros malos; pero aún los malos eran líderes legítimos según la promesa dada a David. Siempre existía la posibilidad que volvieran a Dios bajo la influencia de los profetas, y la adoración legítima dirigida por sacerdotes levíticos en el templo, con los sacrificios y días festivos.

Al llegar al tiempo de la profecía de Isaías 7:14, unos 250 años habrán pasado desde la división del reino de David y Salomón entre el reino de Israel en el norte (también llamado Efraín) y el reino de

Judá en el sur. Alrededor de veinte años después, el reino de Israel fue invadido y llevado al cautiverio por los de Asiria. Para más información sobre los reyes mencionados en Isaías 7, hay que ver 2 Reyes 16-17 y 2 Crónicas 28.

Acaz, el rey a quien Isaías dio la profecía fue uno de los peores reyes de Judá. El se apartó del Señor, adoró a los baales, dioses de los cananeos, y aún sacrificó sus hijos a los dioses paganos en el valle de Hinom. A causa de su maldad, no tenía el favor de Dios. Sufrimiento iba a llegar a la tierra conforme a las advertencias dadas a Israel por Dios en la Torá contra la adoración de dioses ajenos (Levítico 26, Deuteronomio 28).

Al principio de su reino, Acaz sufrió una derrota por la alianza de los reyes Rezín de Siria y Peka rey de Israel, con pérdidas de vida y terreno. Ahora enfrentaba una invasión por conspiración de estos dos reyes para sitiar a Jerusalén y quitarle el reino (Isaías 7:6).

Rezín y Peka quisieron derrotar a Acaz porque había hecho alianza con Asiria, un reino al norte de Siria, que los amenazaba. Querían que Acaz se uniera con ellos contra Asiria; pero frente a su negativa, buscaron poner en el trono de Judá un aliado, el hijo de Tabeel.

La primera parte de la profecía de Isaías (7:3-9) es un mensaje sobre esta situación. Es notable que Isaías se habría encontrado con Acaz "al extremo del acueducto". ¿Qué importancia tiene este detalle? Esto demuestra el temor de Acaz de una invasión, y que él investigaba cuánta agua había (un factor vital para poder sobrevivir un sitio). Isaías le da un mensaje que debe haberle animado notablemente. Le dice que este intento de Rezín y Peka para quitarle el trono y poner otro en su lugar iba a fracasar.

Entonces, este complot falló; de lo contrario, se habría terminado la línea de David y anulado la promesa que le había sido dada. Aún más significativo, habría sido el fin de la línea mesiánica. Los libros históricos de la Biblia demuestran como Dios cuidó la línea de David a pesar de las constantes fallas de sus descendientes. Leemos sobre un rey, Joram, que "hizo lo malo ante los ojos de Jehová":

Mas Jehová no quiso destruir la casa de David, a causa del pacto que había hecho con David, y porque le había dicho que le daría lámpara a él y a sus hijos perpetuamente. (2 Crónicas 21:7)

A pesar de que el mensaje de Isaías a Acaz debe haberle animado, Dios sabe que es un hombre lleno de incredulidad, que confía en sí mismo para salirse del hoyo. Entonces la última parte de Isaías 7:9 dice "Si vosotros no creyereis, de cierto no permaneceréis". Si buscara a Dios en fe, encontraría seguridad; y no, si siguiera en incredulidad.

Acaz tenía sus excusas para no querer oír el mensaje de Isaías. Secretamente hizo un pacto con el rey de Asiria para defenderse contra Rezín y Peka. Este razonamiento es como pretender usar al diablo contra demonios, porque más adelante, Asiria llegaría a ser un enemigo más feroz y peligroso que Siria e Israel. Acaz debe haber confiado en Dios, como después hizo su hijo Ezequías, frente a una situación parecida (Isaías 36-37).

Dios ofrece a Acaz una señal para confirmar el mensaje dado por Isaías. Una señal (oth en hebreo) demuestra que hay un Dios sobrenatural que controla los eventos. El es muchísimo más poderoso que hombres endebles, no importa qué tan fuertes parecen ser. En este momento, Acaz trata de fingirse muy espiritual. Está confrontado por el Dios viviente, pero no lo quiere reconocer. Sus planes podrían interrumpirse. Entonces, erróneamente dice, "No pediré, y no tentaré a Jehová" (Isaías 7:12).

El rechazo de la señal ofrecida en el versículo 11 se refiere a Deuteronomio 6:16, "No tentarás a Jehová vuestro Dios". Pero como pasa muchas veces con los incrédulos que tratan de citar a las Escrituras para justificarse, él erró. Dios no quiere que busquemos o demandemos una señal; pero si El nos ofrece una, debemos aceptarla.

Hasta este punto, la profecía se ha dirigido a Acaz y su propia situación. En el hebreo, el verbo es singular, desde los versículos 4-11. El mensaje se dirige en forma personal a Acaz, como a un solo hombre; pero él no quiere escuchar. El no es el único con este problema, sino también la mayoría de los reyes de la casa de David.

Desde los versículos 13-14, la profecía se dirige a "os", plural. Dios ahora se dirige a los de la casa de David, y expresa Su queja. Quieren o no, a pesar de sus obvias fallas, les va a dar una señal, una que tiene un sentido muy profundo. Se sostendrá la casa de David hasta el tiempo señalado. La señal es el versículo clave:

> He aquí que la virgen concebirá, y dará a luz un hijo, y llamará su nombre Emanuel. (Isaías 7:14)

A causa de la profecía mesiánica sobre la simiente de la mujer (Génesis 3:15) y la promesa hecha a David, de que tendría un descendiente con un trono eterno, Dios va a preservar su línea y mantener a Acaz en el trono. Aunque es un rey malo, está en la línea de sucesión, cosa que no lo era el hijo de Tabeel. Había la posibilidad de que aunque él no se arrepintiera, el hijo que le seguía podría hacerlo y obedecer al Señor (y así hizo Ezequías).

Hay otra razón importante, referente al Mesías, para Dios preservar el reino bajo Acaz. Cuando los Asirios finalmente vencieron el reino de Israel en el norte (2 Reyes 17), llevaron cautivos al pueblo. Allí, se mezclaron con la otra gente y perdieron su identidad como judíos, para nunca volver a la tierra de Israel. (Sin embargo, en Judá vivían miembros de todas las tribus, y lograron sobrevivir la deportación. Ver 2 Crónicas 11:13-17, 15:9). Hay una creencia del israelismo británico que dice que ellos migraron hacia el norte para llegar a ser ingleses, ¡pero esto es falso!

Si el reino de Judá en el sur hubiera sido llevado cautivo por los de Asiria, se habrían desaparecido los judíos, y anulado la promesa del Mesías. Dios liberó a Judá de la invasión de los de Asiria (2 Reyes 18-19), en parte porque el rey Ezequías, que reinó después de Acaz, hizo caso a las enseñanzas de Isaías. A nivel más profundo, fue para preservar al pueblo judío en la tierra prometida hasta la llegada del Mesías.

En Isaías 8 leemos la profecía de la invasión de Asiria y la palabra de Dios que no derrotaría Judá. Isaías 8:10 explica: "No será firme, porque Dios está con nosotros". Este versículo se entiende en dos sentidos. En el primero, Dios está con Judá y defenderá su pueblo por el pacto hecho con Abraham y con David. Pero en el segundo sentido, también se puede entender el versículo traduciéndolo "No será firme, por causa de Emanuel". La invasión de Asiria no llegará a nada porque Dios preservará el pueblo judío para la venida siglos después, de Emanuel, nacido virginalmente "de mujer".

Cuando eventualmente el reino de Judá fue invadido y deportado 150 años después, el imperio de Asiria fue vencido por el imperio babilónico. Los de Babilonia trataban en forma diferente a los deportados, manteniéndolos separados y sin mesclas por matrimonio. Así la identidad de los judíos fue preservada. El imperio babilónico posteriormente fue conquistado por los medos y los persas (Daniel 5). Ellos a su vez tuvieron un proceder diferente, donde Ciro, rey de Persia, hizo un edicto permitiendo a los exiliados volver a sus tierras (Esdras 1-4). Los judíos pudieron volver a Israel, y reedificar Jerusalén y el templo. Así la línea de David fue preservada y pudo vivir en la tierra prometida hasta la venida del Mesías. Uno de los líderes de los que volvieron fue Zorobabel, descendiente de Jeconías, el último de los reyes de Judá en la línea de David. Su nombre aparece en la genealogía de Jesús en el capítulo uno de Mateo.

De modo que la profecía de Isaías 7 sobre Emanuel definitivamente es relevante al rey Acaz y toda la línea de reyes descendientes de David. Aunque ellos no guardaron sus mandamientos, Dios iba a preservar la línea hasta el tiempo señalado para revelar el Mesías, de la "simiente" de la mujer, nacido en forma sobrenatural virginalmente.

Después de la profecía sobre esto, Dios vuelve a dirigirse a Acaz, versículos 15 en adelante, con el verbo en singular. Sobre la futura concepción y nacimiento del Mesías algunos 700 años después, la profecía era interesante pero no vital para el problema de Acaz. Isaías dice que los reyes Rezín y Peka que le amenazaban estarían quitados del poder "antes que el niño sepa desechar lo malo y escoger lo bueno" (i.e. suficiente edad como para poder tomar decisiones morales independientes).

La pregunta ahora es ¿A cuál niño se refiere esta profecía? En el hebreo, es "el niño" y no "un niño"; de modo que debe referirse a un niño ya antes mencionado o reconocido por los que oyeron la profecía. El capítulo 7 de Isaías menciona dos niños: Emanuel del versículo 14, y Searjasub hijo de Isaías en el versículo 3. ¿A cuál se refiere?

La interpretación más común es que se refiere a Emanuel, o sea, a un niño con este nombre que iba a nacer en ese entonces. Antes de poder distinguir entre lo bueno y lo malo, los dos reyes que Acaz temía ya no le serían de amenaza. Los eruditos cristianos que dicen que la profecía tiene dos aplicaciones, una a Acaz y otra al nacimiento de Jesús, sostienen que se refiere a Emanuel y el nacimiento de Jesús.

Pero esto presenta dificultades. Si tomamos las fechas dadas en 2 Reyes 16-17, el rey Peka fue asesinado tres años después del rey Acaz tomar el poder, queriendo decir que la profecía de Isaías 7 debe haberse dado al rey al inicio de su reino. La profecía tendría que haberse cumplido en poco tiempo, menos de lo requerido para nacer un niño y llegar a la madurez.

Una mejor interpretación es dada por Arnold Fruchtenbaum, quien dice que el niño de Isaías 7:16 no es Emanuel sino Searjasub, hijo pequeño de Isaías parado delante de Acaz en el momento que se le dio la profecía.2 Esto explica por qué el Señor le instruyó a Isaías a llevar a su hijo consigo, aunque puede haber sido peligroso. El nombre del hijo de Isaías también es relevante a la profecía, porque significa "un remanente volverá". Esto puede referirse a la deportación de Judá a Babilonia más adelante; y del regreso de un remanente de ese cautiverio. Los descendientes de la línea de David estarían otra vez en la tierra prometida hasta la llegada del Mesías.

En el reino de Acaz, la amenaza de Israel y de Siria cedió. Peka, rey de Israel, fue asesinado por Oseas en el tercer año de Acaz (2 Reyes 15:30). Cinco años después de la muerte de Acaz, en el noveno año de Oseas, rey de Israel, los de Asiria invadieron a Siria y el reino de Israel, llevando cautivo a su pueblo (2 Reyes 17). En forma sobrenatural, Dios hizo que no se llevara cautivo a Judá, en el ministerio de Isaías y en cumplimiento de Su profecía sobre el Mesías (2 Reyes 18-19).

En resumen, hay dos profecías: la de corto plazo que se cumpliría con el rey Acaz, y la profecía de largo plazo sobre la concepción milagrosa y nacimiento del hijo que sería Emanuel, Dios con nosotros. Esta, dada a toda la casa de David, se cumpliría en Yeshúa, Jesús el Mesías.

CONCLUSIÓN

Como resultado de todo ello, la línea mesiánica fue preservada y el pueblo judío siguió en la tierra de Israel hasta el tiempo del cumplimiento de la profecía de Emanuel, con el nacimiento de Jesús el Mesías. Cuarenta años después de Su crucifixión y resurrección, los romanos destruyeron Jerusalén y el templo, dispersaron a los judíos y destruyeron los récords de las genealogías del templo. Así que el Mesías tenía que haber llegado antes de este evento con el fin de demostrar que era descendiente de David. La profecía de Daniel 9:26 se refiere a la llegada del Mesías, y que Su vida sería "quitada" antes de la destrucción del segundo templo. Aquí hay otro detalle sobre su identidad, ya que según la profecía el Mesías tendría que llegar antes de la destrucción del templo en 70 d.C.

Referente a la profecía del evento milagroso de la concepción y nacimiento de un hijo, como dicho antes, sería una señal, un evento milagroso, de intervención divina, con una mujer de edad madura pero no casada, de manera que era virgen.

Refiriéndose a ella, se dice "*la* mujer/virgen" y no "*una*" mujer. Arnold Fruchtenbaum comenta lo siguiente:

> Según las reglas de la gramática hebrea, con el artículo definido (el,la), el lector debe buscar una referencia del contexto inmediatamente anterior. Observando este pasaje desde el capítulo 7:1, no hay mención de ninguna mujer. Como no hay nada en el contexto inmediatamente antes, la segunda regla es el "principio de la referencia previa", algo que fue tratado mucho tiempo atrás, y es de conocimiento común entre el pueblo. En las Escrituras judías, ¿dónde hay el concepto de

que "la virgen dará a luz un hijo"? La única referencia posible es la de Génesis 3:15 (la "simiente" de la mujer de la profecía mencionada arriba). Al contrario a la norma bíblica, el Mesías estaría relacionado con la simiente de la mujer. ¿Por qué? Porque El no tendría ningún padre humano; El tendría una concepción y nacimiento virginal.[3]

La única posibilidad para tener el cumplimiento de esta profecía sería el evento descrito en los Evangelios, el nacimiento virginal del Mesías. El ángel Gabriel llega para hablar "a una virgen desposada con un varón que se llamaba José, de la casa de David" (Lucas 1:27). María es bendita "entre las mujeres" porque ella es "la mujer" de Génesis 3:15. Tiene que ser soltera, y así una virgen. También tiene que ser desposada para casarse, porque si fuera a salir de esta experiencia como madre soltera, su posición en la sociedad y la posición de su hijo serían muy difíciles.

Es clave que su futuro esposo no la rechace cuando descubre que está encinta. Entonces el ángel habla con José, para asegurar que cumple con el matrimonio a pesar de la condición de María (Mateo 1:20-25). Para explicar esto a José, es informado de la profecía de Isaías 7:14 del nacimiento virginal. María es tratada con gran honor en el Nuevo Testamento (no adorada ni reverenciada como "reina del cielo"*), y también José actúa con integridad y una fe firme, cumpliendo un rol vital para la llegada del Mesías al mundo.

Por igual, José y María son de la línea de David, con la genealogía de José y la línea real de los reyes dada en Mateo 1, y la genealogía de María en Lucas 3 a través de Natán, otro hijo de David. Aunque el texto de Lucas habla de "José, hijo de Elí", conforme a la costumbre de no anotar nombres de mujeres, en realidad esta genealogía es la de María. El Tanaj se refiere a Myriam (María) bat (hija de) Elí.[4]

El ángel Gabriel confirma la conexión de María con la casa de David (Lucas 1:27) y después le dice:

---

*Ver el libro de Roger Oakland, *Queen of All* (*Reina sobre todo*) para poder entender este título, dado equivocadamente a María

> Y ahora, concebirás en tu vientre, y darás a luz un hijo, y llamarás su nombre JESÚS. Éste será grande, y será llamado Hijo del Altísimo; y el Señor Dios le dará el trono de David su padre; y reinará sobre la casa de Jacob para siempre, y su reino no tendrá fin. (Lucas 1:31-33)

No es por casualidad que, en 2 Crónicas 17:11-14, hay tres cosas eternas prometidas a David sobre su descendencia: un *trono* eterno, una *casa* eterna, un *reino* eterno. La profecía es de la "simiente" de María, concebida sobrenaturalmente, por el Espíritu Santo:

> El Espíritu Santo vendrá sobre ti, y el poder del Altísimo te cubrirá con su sombra; por lo cual también el Santo Ser que nacerá, será llamado Hijo de Dios. (Lucas 1:31-33)

No le es difícil para Dios pasar de lado las leyes de la naturaleza para cumplir Sus propósitos:

> Porque no hay nada imposible para Dios. (Lucas 1:37)

Este pasaje da la llave de un problema que todavía no se resuelve en esta investigación de la profecía del nacimiento virginal. Desde el punto de vista netamente humano, sin referirse al cumplimiento en Jesús, la promesa dada a David en 1 Crónicas 17 sería falsa. Actualmente no hay ningún rey de la línea de David en la tierra, situación que existe desde hace 2.500 años. Jeconías fue el último descendiente de David en el trono de Judá. Según la profecía de Jeremías 22:30, después de él, no iba a haber ningún otro rey descendiente de David. (El último rey antes del cautiverio babilónico fue Sedequías, tío y no hijo, de Jeconías).

Además, si la profecía de 1 Crónicas 17 tuviera que ver solamente con los descendientes de David, sería imposible de cumplir. Se refiere a casa, trono y reino eternos como heredad de la posteridad de David. Pero es imposible que un mero hombre tuviera todo ello *eternamente*.

La única posibilidad sería una persona eternal, i.e. Emanuel, Dios con nosotros.

Es vital la conexión de todo esto a Isaías 7. El pacto de Dios con David referente a sus descendientes va mucho más allá de la línea de los reyes que le seguirían y llegaría al cumplimiento del nacimiento sobrenatural del Mesías. El Mesías dará el golpe mortal al reino de Satanás, de modo que Satanás busca todos los medios para prevenir el cumplimiento de esta profecía. Porque Dios es más grande que Satanás, El asegurará que Sus propósitos se cumplan. Hará que la línea de David sea preservada en forma visible y con los judíos habitando la tierra de Israel, hasta la llegada del Mesías.

El Espíritu Santo llegará a una virgen desposada para ser casada, y ella dará a luz un hijo que será más que tan solo un hombre. Será Emanuel, Dios con nosotros. Dios entrará en existencia humana en la persona de Yeshúa, Jesús el Mesías. Así será el Hijo del Hombre y el Hijo de Dios, sin pecado y de esta manera ser el sacrificio perfecto para redimir la humanidad perdida.

El Nuevo Testamento demuestra cómo el Mesías nació en forma sobrenatural para redimirnos de nuestros pecados. Dios fácilmente suspende las leyes de la naturaleza que El mismo había establecido para hacer nacer un hijo sin padre humano. De esta manera Dios entró en el mundo y tomó forma humana. Continúa con nosotros como el Mediador que nos permite entrar en una relación con Dios.

Ahora mismo, El nos puede dar paz y seguridad, aún si enfrentamos enemigos como los del rey Acaz. Este rey no fue establecido en el trono de David ni en el reino de Dios, porque no tuvo fe en las promesas de Dios. Pero podemos tener una fe firme en las promesas de Dios reveladas en Jesús, el Mesías. Todo esto y mucho más se cumple en el Mesías, Jesús, que llegó en cumplimiento de las profecías, y volverá otra vez, para completar el programa mesiánico y reinar sobre el trono de David.

Para poder creer en El, no hay que ser deshonesto intelectualmente, sino tener el valor de ir en contra de la corriente y enfrentar con firmeza la adversidad, como hizo el hijo de Acaz, el rey Ezequías, que tenía fe y fue establecido en el trono de David y en el reino de Dios.

CAPÍTULO 7

EL SIERVO SUFRIENTE

¿A QUIÉN SE REFIERE ESTE PROFETA?

Otro asunto importante sobre una profecía de Isaías tiene que ver con el siguiente pasaje:

He aquí que mi siervo será prosperado, será engrandecido y exaltado, y será puesto muy en alto. Como se asombraron de ti muchos, de tal manera fue desfigurado de los hombres su parecer, y su hermosura más que la de los hijos de los hombres, así asombrará él a muchas naciones; los reyes cerrarán ante él la boca, porque verán lo que nunca les fue contado, y entenderán lo que jamás habían oído.

¿Quién ha creído a nuestro anuncio? ¿y sobre quién se ha manifestado el brazo de de Jehová? Subirá cual renuevo delante de él, y como raíz de tierra seca; no hay parecer en él, ni hermosura; le veremos mas sin atractivo para que le deseamos. Despreciado y desechado entre los hombres, varón de dolores, experimentado en quebranto; y como que escondimos de él el rostro, fue menospreciado, y no lo estimamos.

Ciertamente llevó él nuestras enfermedades, y sufrió nuestros dolores; y nosotros le tuvimos por azotado, por herido de Dios y abatido. Mas él herido fue por nuestras rebeliones, molido por nuestros pecados; el castigo de nuestra paz fue sobre él, y por su llaga fuimos nosotros curados. Todos nosotros nos descarriamos como ovejas, cada cual se apartó por su camino; mas Jehová cargó en él el pecado de todos nosotros.

Angustiado él, y afligido, no abrió su boca; como cordero fue llevado al matadero; y como oveja delante de sus trasquiladores, enmudeció, y no abrió su boca. Por cárcel y por juicio fue quitado; y su generación, ¿quién la contará? Porque fue cortado de la tierra de los vivientes, y por la rebelión de mi pueblo fue herido.

Y se dispuso con los impíos su sepultura, mas con los ricos fue en su muerte; aunque nunca hizo maldad, ni hubo engaño en su boca. Con todo eso, Jehová quiso quebrantarlo, sujetándole a padecimiento. Cuando haya puesto su vida en expiación por el pecado, verá linaje, vivirá por largos días, y la voluntad de Jehová será en su mano prosperada. Verá el fruto de la aflicción de su alma, y quedará satisfecho; por su conocimiento justificará mi siervo justo a muchos, y llevará las iniquidades de ellos.

Por tanto, yo le daré parte con los grandes, y con los fuertes repartirá despojos; por cuanto derramó su vida hasta la muerte, y fue contado con los pecadores, habiendo él llevado el pecado de muchos, y orado por los transgresores. (Isaías 52:13-53:12)

¿A quién se refiere el profeta?
- ¿A sí mismo?
- ¿A otra persona?
- ¿A Israel?
- ¿Al Mesías?

El siervo sufriente

¿ISAÍAS 53 SE REFIERE A ISRAEL?

Según Rashi, un erudito rabí francés que vivió desde 1040 a 1105, y escribió un influyente comentario sobre la Biblia y el Talmud, la respuesta es obvia. Dice que el profeta se refiere al sufrimiento de Israel a favor de los gentiles. Actualmente, los rabíes casi universalmente dicen que ésta es la interpretación judía de Isaías 53.

Pero Arnold Fruchtenbaum comenta lo siguiente:

> Sin excepción, cada rabí antes de Rashi tomaba este pasaje como una descripción del Mesías. Al principio, cuando Rashi propuso que este pasaje hablaba de la nación de Israel, se desató un acalorado debate entre sus contemporáneos. El más famoso de ellos fue Rambam, conocido mejor como Maimonides. Rambam claramente sostuvo que Rashi estaba completamente equivocado y yendo en contra del punto de vista tradicional judío.[1]

El Tárgum es una paráfrasis de la Biblia por Jonathan ben Uzziel del primer siglo. Sus Tárgums se citaban con frecuencia por los rabíes que le seguían, y fue considerado como autoridad sobre el punto de vista judío de la Biblia. Su Tárgum de Isaías 52:13 claramente relaciona este pasaje con el Mesías, diciendo "He aquí, mi siervo el Mesías prosperará".[2]

Una oración escrita por el rabí Eliezer Kalir para el culto de la tarde el día Yom Kippur (Día de Expiación), del siglo 7, dice:

> El Mesías, nuestra justicia, nos ha dejado, el temor nos ha alcanzado, y no tenemos a nadie que nos justifique. El ha llevado el yugo de nuestras iniquidades y nuestras transgresiones, herido por nuestros pecados. El lleva nuestros pecados sobre sus hombros, para poder procurar perdón por nuestras iniquidades. Seremos sanados por su llaga en el tiempo que el Eterno Lo haga (el Mesías) como una nueva creación. Oh levántelo del círculo de la tierra. Levántelo de Seir, para reunirnos por segunda vez en el Monte Líbano, por la mano de Yinnon.[3]

Esta oración cita Isaías 53 y conecta el pasaje con el Mesías, que "lleva nuestros pecados" y que se ha ido "de nosotros", causándonos horror, porque ahora "no tenemos a nadie que nos justifique". Yinnon significa Mesías, entonces la oración habla del Mesías que vuelve por segunda vez "para reunirnos".

El rabí Moshe Cohen Ibn Crispin de Córdoba, España, alrededor del año 1350, escribió sobre Isaías 53, refutando el punto de vista de Rashi:

> (Estaré libre de) interpretaciones forzadas e increíbles, de las cuales otros han sido culpables . . . Esta profecía fue dada por Isaías por mandato divino con el propósito de hacernos saber algo referente a la naturaleza del futuro Mesías, quien vendrá y librará a Israel.[4]

El rabí Alshech cerca al año 1550 escribió sobre Isaías 53:

> Nuestros rabíes con una sola voz aceptan y afirman la opinión que el profeta habla del rey Mesías; y nosotros mismos también tenemos este mismo punto de vista.[5]

El rabí Eliyahu de Vidas escribió cerca al año 1575, que además de ser verdad que Isaías 53 habla del Mesías, también los que rehúsan creer esto tendrán que sufrir por sus propios pecados.

> *Mas él herido fue por nuestras rebeliones, molido por nuestros pecados* significa que, como el Mesías llevó nuestras iniquidades, y que éstas le causaron sus heridas, es lógico que el que no admita que el Mesías sufre de esta manera por nuestras iniquidades, tendrá que el mismo sufrirlas por sí solo.[6] (Énfasis en el original)

Todos estos rabíes están diciendo que Isaías 53 trata del Mesías sufriendo por el pecado, y no que Israel sufre a favor de los gentiles.

Entonces, ¿tiene Rashi razón al decir que Isaías 53 es una profecía de Israel sufriendo por los gentiles? En este caso, ¿erraron todos estos rabíes que lo relacionaron con los sufrimientos del Mesías? Al examinar el texto, la interpretación de Rashi presenta varias preguntas:

‖ Isaías es gentil:

Los versículos 5 y 6 significan que: "Mas él (Israel) herido fue por nuestras rebeliones", "Todos nosotros (los gentiles) nos descarriamos como ovejas . . . mas Jehová cargó en él (Israel) el pecado de todos nosotros". En este pasaje, los pronombres nosotros y nuestras deben referirse a Isaías y a aquellos con quienes se identifica; a la vez que el pronombre él debe referirse al "siervo". En este caso, Isaías se identifica con los gentiles, y el pueblo identificado con el siervo es Israel. ¿De modo que Isaías fue escrito por un autor gentil?

‖ Israel lleva los pecados de los gentiles en alguna forma de expiación:

¿Qué quiere decir Isaías en el primer capítulo de su profecía, cuando habló en lenguaje muy fuerte sobre los pecados de Israel, y llamó al arrepentimiento su pueblo?

> ¡Oh gente pecadora, pueblo cargado de maldad, generación de malignos, hijos depravados! Dejaron a Jehová, provocaron a ira al Santo de Israel, se volvieron atrás. (Isaías 1:4)

¿Cómo puede un pecador llevar los pecados de otros?

En realidad, Israel sufre a causa de los pecados de los gentiles, no a favor de los gentiles. A menudo, los gentiles que rechazan un entendimiento veraz de Dios y del Mesías han perseguido al pueblo judío. Pero esto no favorece a los gentiles culpables, y los pone bajo la maldición de Dios de Génesis 12:3, " Bendeciré a los que te bendijeren, y a los que te maldijeren maldeciré". Ningún bien llega a los responsables de anti-semitismo, pero el siervo de Isaías 53 ofrece justificación y sanidad, aun para los responsables por Su sufrimiento, con tal que Le busquen para llevar sus iniquidades (versículo 11).

La interpretación de Rashi sugiere que el pueblo judío lleva los pecados de los gentiles. Esto se alinea con la culpabilidad que los gentiles y anti-semitas han echado sobre los judíos, diciendo que son los responsables de todo lo malo en la sociedad. Otra consideración: el pueblo judío nunca ha sufrido voluntariamente en las manos de los gentiles, pero el Siervo de Isaías se ofrece a Sí mismo como sacrificio.

‖ Israel/el pueblo judío dejarán de existir:

El siervo de Isaías 53 muere literalmente. "Fue cortado de la tierra de los vivientes" (verso 8) y "Derramó su vida hasta la muerte" (verso 12). Judíos individuales han muerto. El Holocausto ocurrió cuando un líder endemoniado intentó destruir a todos los judíos. Pero a pesar de las intenciones de los anti-semitas, el pueblo de Israel sigue viviendo: *Am Israel Chai*. Esto cumple la profecía de Jeremías 31:35-37, que dice que mientras duren el sol, la luna y las estrellas, así Israel durará como nación delante del Señor. El siervo de Isaías 53 muere y es resucitado para ver "la aflicción de su alma". El pueblo judío nunca ha dejado de existir, de modo que no necesita ser resucitado como pueblo.

¿QUÉ TAL SI ISAÍAS 53, EN REALIDAD, HABLA DEL MESÍAS?

Hasta ahora hemos tratado este tema como un debate dentro del judaísmo sobre diferentes interpretaciones rabínicas, algo interesante pero no vital. Pero si Rashi está equivocado y la profecía es del Mesías y no de Israel sufriendo por las naciones, todavía queda una interpretación muy problemática para el judaísmo.

La oración del rabí Kali citada arriba dice que el Mesías se nos ha ido, él que llevaba nuestros pecados y nos traía sanidad. El rabí Eliyahu de Vidas dice que la persona que no cree que el Mesías sufre por nuestras iniquidades "tendrá que el mismo sufrirlas por sí solo".

Si el Mesías "nos ha dejado", ¿quiere decir que ya vino? ¿Hay alguien de la historia que ya ha llevado los pecados de otros? Si no creemos en Él, ¿tendremos que sufrir nuestros pecados nosotros mismos?

El Nuevo Testamento dice que los sufrimientos de Jesús en la cruz cumplió Isaías 53. ¿Esta interpretación es lógica según el texto? Invitamos al lector estudiar el texto y buscar las referencias en el Nuevo Testamento.

ISAÍAS 52:13-15

Estos versículos dan una detallada descripción del Siervo. El estará muy exaltado. Pero antes, estará humillado y abusado físicamente al punto de ser casi irreconocible. Como resultado, "asombrará él a muchas naciones" (verso 15) y "los reyes cerrarán ante él la boca".

La descripción de la crucifixión es breve y gráfica:

> Y Pilato, queriendo satisfacer al pueblo, les soltó a Barrabás, y entregó a Jesús, después de azotarle, para que fuese crucificado. Entonces, los soldados le llevaron dentro del atrio, esto es al pretorio, y convocaron a toda la compañía. Y le vistieron de púrpura, y poniéndole una corona tejida de espinas, comenzaron luego a saludarle: ¡Salve, Rey de los judíos! Y le golpearon en la cabeza con una caña, y le escupían, y puestos de rodillas le hacían reverencias. Después de haberle escarnecido, le desnudaron la púrpura, y le pusieron sus propios vestidos, y le sacaron para crucificarle. Y obligaron a uno que pasaba, Simón de Cirene, padre de Alejandro y de Rufo, que venía del campo, a que le llevase la cruz. Y le llevaron a un lugar llamado Gólgota, que traducido es: Lugar de la Calavera. Y le dieron a beber vino mezclado con mirra; mas él no lo tomó. Cuando le hubieron crucificado, repartieron entre sí sus vestidos, echando suertes sobre ellos para ver qué se llevaría cada uno. Era la hora tercera cuando le crucificaron. Y el título escrito de su causa era: EL REY DE LOS JUDÍOS. (Marcos 15:15-26)

Alguien que tuviera que pasar semejante humillación y abuso físico estaría casi irreconocible, tal como profetizó Isaías. Después de esta humillación, Él iba a volver a vivir y ascender al lugar más alto, como dice Isaías. Pedro, en su discurso del día de Pentecostés, lo explica:

> Varones israelitas, oíd estas palabras: Jesús nazareno, varón aprobado por Dios entre vosotros con las maravillas, prodigios y señales que Dios hizo entre vosotros por medio de él, como vosotros mismos sabéis; a éste, entregado por el determinado consejo y anticipado conocimiento de Dios, prendisteis y matasteis por manos de inicuos, crucificándole; al cual Dios levantó, sueltos los dolores de la muerte, por cuanto era imposible que fuese retenido por ella.
>
> Porque David dice de él: Veía al Señor siempre delante de mí; porque está a mi diestra, no seré conmovido. Por lo cual mi corazón se alegró, y se gozó mi lengua, y aun mi carne descansa en esperanza; porque no dejarás mi alma en el Hades, ni permitirás que tu Santo vea corrupción. Me hiciste conocer los caminos de la vida; me llenarás de gozo con tu presencia.
>
> Varones hermanos, se os puede decir libremente del patriarca David, que murió y fue sepultado, y su sepultura está con nosotros hasta el día de hoy. Pero siendo profeta, y sabiendo que con juramento Dios le había jurado que de su descendencia, en cuanto a la carne, levantaría al Cristo para que se sentase en su trono, viéndolo antes, habló de la resurrección de Cristo, que su alma no fue dejada en el Hades, ni su carne vio corrupción. A este Jesús resucitó Dios, de lo cual todos nosotros somos testigos. Así que, exaltado por la diestra de Dios, y habiendo recibido del Padre la promesa del Espíritu Santo, ha derramado esto que vosotros veis y oís.
>
> Porque David no subió a los cielos; pero él mismo dice: Dijo el Señor a mi Señor: Siéntate a mi diestra, hasta que ponga a tus enemigos por estrado de tus pies.
>
> Sepa, pues, ciertísimamente toda la casa de Israel, que a este Jesús a quien vosotros crucificasteis, Dios le ha hecho Señor y Cristo. (Hechos 2:22-36)

El siervo sufriente

Isaías 52:15 también dice, referente al siervo, que "asombrará él a muchas naciones". Otra versión (En inglés, versión King James) dice "rociará" a las naciones, refiriéndose a la enseñanza del Nuevo Testamento que la sangre de Jesús remplaza la sangre del sacrificio de animales siendo la única manera para recibir de Dios el perdón de nuestros pecados.

> Pero estando ya presente Cristo, sumo sacerdote de los bienes venideros, por el más amplio y más perfecto tabernáculo, no hecho de manos, es decir, no de esta creación, y no por sangre de machos cabríos ni de becerros, sino por su propia sangre, entró una vez para siempre en el Lugar Santísimo, habiendo obtenido eterna redención. Porque si la sangre de los toros y de los machos cabríos, y las cenizas de la becerra rociadas a los inmundos, santifican para la purificación de la carne, ¿cuánto más la sangre de Cristo, el cual mediante el Espíritu eterno se ofreció a sí mismo sin mancha a Dios, limpiará vuestras consciencias de obras muertas para que sirváis al Dios vivo? Así que, por eso es mediador de un nuevo pacto, para que interviniendo muerte para la remisión de las transgresiones que había bajo el primer pacto, los llamados reciban la promesa de la herencia eterna. (Hebreos 9:11-15)

> Éste es el mensaje que hemos oído de él, y os anunciamos: Dios es luz, y no hay ningunas tinieblas en él. Si decimos que tenemos comunión con él, y andamos en tinieblas, mentimos, y no practicamos la verdad; pero si andamos en luz, como él está en luz, tenemos comunión unos con otros, y la sangre de Jesucristo su Hijo nos limpia de todo pecado. (I Juan 1:5-7)

ISAÍAS 53:1-3

Estos versículos hablan del rechazo que iba a acompañar el ministerio de este siervo. Su mensaje no sería recibido. Su origen y apariencia no llenarían las expectativas de la gente, y así lo rechazarían. Este rechazo le iba a causar dolor.

El Nuevo Testamento cuenta del rechazo de Jesús durante Su ministerio público precisamente por estas razones. Fue rechazado por los que pensaban que nació en Nazaret y no en Belén, el lugar profetizado de donde vendría el Mesías (Miqueas 5:1, Juan 1:46, Juan 7:40-44, Juan 9:29, Juan 12:37-41). Fue rechazado por Su propia familia y los vecinos de Su niñez, quienes dijeron de Él: "¿No es éste el hijo del carpintero?" (Mateo 13:55, Lucas 4:16-20). Fue rechazado por los líderes religiosos que se oponían a los milagros que El hacía en el día de reposo (Juan 9:16), también porque se juntaba con los que ellos consideraban ser pecadores (Mateo 9:11, Lucas 15); y principalmente, porque se decía ser igual a Dios (Mateo 26:65, Marcos 2:7, Juan 8:58, Juan 10:30). Aun fue rechazado por Sus discípulos cuando no permanecían en oración con El en Su hora de necesidad antes de ser arrestado (Mateo 26:36-46). Le abandonaron, aún negando que Lo conocían (Marcos 14:27-72). En la cruz, El fue rechazado por el Padre, cuando los pecados del mundo fueron puestos sobre El. Por eso, citó las palabras mesiánicas del Salmo 22, "Dios mío, Dios mío, ¿por qué me has desamparado?"

Así que, en todo esto, Jesús experimentó dolor tal como Isaías había dicho del Siervo:

> Y tomando a Pedro, y a los dos hijos de Zebedeo, comenzó a entristecerse y a angustiarse en gran manera. Entonces, Jesús les dijo: Mi alma está muy triste, hasta la muerte; quedaos aquí, y velad conmigo. (Mateo 26:37-38)

ISAÍAS 53:4-6

Estos versículos dan más detalles de los sufrimientos del Siervo y el propósito de ellos. Su muerte sería mal interpretada por los que dirían que estaba afligido por Dios a causa de Sus propios pecados. En realidad, sus sufrimientos fueron en expiación por los pecados de otros. Porque El experimentó los dolores más profundos que pueden existir en el mundo, El puede compadecerse de los que pasan por sufrimiento en sus vidas. El Señor puso sobre Él la iniquidad de todos nosotros, para que podamos recibir el perdón.

Le acusaron a Jesús de blasfemia y traición contra Roma, y Le ejecutaron como un criminal común. El gobernador romano puso en la cruz un letrero despreciativo "Éste es Jesús, el Rey de los judíos", que irónicamente contenía la verdad de quién era Jesús. Sin embargo, su intención fue burlarse de Jesús y del pueblo judío que él menospreciaba. Los líderes religiosos también se burlaron de Él y sugirieron que tenía culpa por Su propia muerte al sostener que era el Mesías y el rey de Israel (Marcos 14-15). Aun hoy, los escépticos dicen que "Jesús sufrió por sus propios pecados, no los nuestros".

Sin embargo, cada persona que busca a Jesús en sinceridad descubre que Él puede perdonar sus pecados y darles la vida eterna. El Nuevo Testamento claramente explica la razón de la muerte de Jesús.

Porque el Hijo del Hombre vino a buscar y a salvar lo que se había perdido. (Lucas 19:10)

Porque de tal manera amó Dios al mundo, que ha dado a su Hijo unigénito, para que todo aquel que en él cree, no se pierda, mas tenga vida eterna. (Juan 3:16)

Pues para esto fuisteis llamados; porque también Cristo padeció por nosotros, dejándonos ejemplo, para que sigáis sus pisadas; el cual no hizo pecado, ni se halló engaño en su boca; quien cuando le maldecían, no respondía con maldición; cuando padecía, no amenazaba, sino encomendaba la causa al que juzga justamente; quien llevó él mismo nuestros pecados en su cuerpo sobre el madero, para que nosotros, estando muertos a los pecados, vivamos a la justicia; y por cuya herida fuisteis sanados. Porque vosotros erais como ovejas descarriadas, pero ahora habéis vuelto al Pastor y Obispo de vuestras almas. (I Pedro 2:21-25)

ISAÍAS 53:7-9

Estos versículos nos cuentan los sufrimientos del Mesías desde el punto de vista humano. Iba a ser juzgado y aceptaría la sentencia de muerte a pesar de la injusticia. Iba a morir, y otra vez explica que Su muerte sería por los pecados de "mi pueblo". Aunque tendría una sepultura con los impíos, habría intervención de "los ricos" en Su muerte.

Los juicios delante de Caifás y Poncio Pilato fueron injustos y una negación de la ley judía y de la romana.

> Y los principales sacerdotes y los ancianos y todo el concilio, buscaban falso testimonio contra Jesús, para entregarle a la muerte, y no lo hallaron. (Mateo 26:59-60)

Jesús no buscó justificarse, sabiendo que Le era necesario ir a la cruz para redimir al mundo.

> Y siendo acusado por los principales sacerdotes y por los ancianos, nada respondió. Pilato entonces le dijo: ¿No oyes cuántas cosas testifican contra ti? Pero Jesús no le respondió ni una palabra; de tal manera que el gobernador se maravillaba mucho. (Mateo 27:12-14)

Los soldados romanos que habían presenciado ejecuciones similares no dudaron que Jesús estaba muerto antes de bajarlo de la cruz (Juan 19:32-35). Lo que pasó después es muy interesante a la luz de la profecía de Isaías. La costumbre para las víctimas de crucifixiones era dejarlas allí como advertencia al pueblo, de no resistir el poder de los romanos; o por el otro lado, los cuerpos eran bajados para echarlos en una sepultura común en el Valle de Hinnom fuera de Jerusalén. Si a Jesús le hubiera ocurrido alguna de estas dos opciones, el próximo evento, la resurrección, habría perdido su impacto.

Entonces Dios hizo que un hombre rico, José de Arimatea, interviniera para pedir a Poncio Pilato el cuerpo de Jesús, para sepultarlo en su propia tumba (Mateo 27:57-60). Pilato accedió, tal vez por la influencia del sueño de su esposa, que le había dicho que no tuviera nada que ver con "ese justo" (Mateo 27:19); o puede haber sido por supersticiones romanas referente a Jesús como hacedor de milagros (las autoridades romanas habrían sabido que Jesús levantó a Lázaro de los muertos) (Juan 11:47-48). El cuerpo de Jesús fue puesto en una tumba sellada, con una piedra al frente, para que cuando ocurriera la resurrección, fuera más fácil verificarla o desacreditarla, que ahí en una sepultura común. Difícilmente pudieran tomar en serio los rumores que los discípulos habían robado el cuerpo (Mateo 28). Las autoridades habrían podido dar crédito a este rumor, y así desacreditar el movimiento mesiánico, si pudieran presentar el cuerpo de Jesús y demostrar que los discípulos eran mentirosos. En menos de dos meses, los discípulos predicaban en Jerusalén la resurrección de Jesús de los muertos. Enfrentaban oposición, prisiones o aun la muerte. Esto no es el proceder del que no habla la verdad.

ISAÍAS 53:10-12

Estos versículos nos expresan el propósito de la muerte del Siervo, y habla de Su resurrección de entre los muertos. El estaría satisfecho con "el fruto" resultante, la justificación de muchos por haber llevado sus iniquidades. Dios le exaltaría porque aceptó ser considerado transgresor, y morir. El iba a interceder por los transgresores.

Como vimos en el capítulo 2, la responsabilidad por la muerte de Jesús es de Dios. Isaías 53:10 dice que "Jehová quiso quebrantarlo, sujetándole a padecimiento". El Nuevo Testamento plenamente confirma esto, y pone la responsabilidad por la muerte de Jesús en la voluntad de Dios y los pecados del mundo (Hechos 4:25-28). Su muerte sería literal, tal como murió Jesús, pero que vería "el fruto..." de ello, y quedaría satisfecho (Isaías 53:10-11). ¿Cómo es posible todo esto? Solamente porque El iba a resucitar de entre los muertos. Jesús explicó todo a Sus discípulos y los comisionó a ir a todo el mundo y predicar de El. Así, otros llegaría a conocerle, y El estaría satisfecho: todo el dolor de la cruz resultaría en multitudes de personas en todo el mundo entrando en el reino de Dios:

Y les dijo: Éstas son las palabras que os hablé, estando aún con vosotros: que era necesario que se cumpliese todo lo que está escrito de mí en la ley de Moisés, en los profetas y en los salmos.

Entonces les abrió el entendimiento, para que comprendiesen las Escrituras; y les dijo: Así está escrito, y así fue necesario que el Cristo padeciese, y resucitase de los muertos al tercer día; y que se predicase en su nombre el arrepentimiento y el perdón de pecados en todas las naciones, comenzando desde Jerusalén. Y vosotros sois testigos de estas cosas. He aquí, yo enviaré la promesa de mi Padre sobre vosotros; pero quedaos vosotros en la ciudad de Jerusalén, hasta que seáis investidos de poder desde lo alto. (Lucas 24:44-49)

El libro de Hechos explica cómo se extendió el Evangelio, primero en Jerusalén y después "Judea y Samaria" y hasta lo último de la tierra. Así, multitudes de pueblos iban a ser justificados delante de Dios.

Pero ahora en Cristo (Mesías) Jesús, vosotros que en otro tiempo estabais lejos, habéis sido hechos cercanos por la sangre de Cristo. Porque él es nuestra paz, que de ambos pueblos hizo uno, derribando la pared intermedia de separación, aboliendo en su carne las enemistades, la ley de los mandamientos expresados en ordenanzas, para crear en sí mismo de los dos un solo y nuevo hombre, haciendo la paz, y mediante la cruz reconciliar con Dios a ambos en un solo cuerpo, matando en ella las enemistades. (Efesios 2:13-18) (Énfasis Pearce)

Finalmente, para recordarnos que de ningún modo tenía Él la idea de que Sus seguidores vengaran su muerte, leemos en Isaías que El intercedió por los transgresores. Las palabras de Jesús desde la cruz fueron: "Padre, perdónalos, porque no saben lo que hacen" (Lucas 23:34).

CONCLUSIÓN

Lo que he escrito no es una lista exhaustiva de todas las maneras en que Isaías 53 señala la muerte y resurrección de Jesús, el Mesías. Si Rashi se equivoca diciendo que es Israel sufriendo por los gentiles, y si el rabí Alshech tiene razón que es sobre los sufrimientos del Mesías, si no es Jesús, ¿hay otra persona que pudiera cumplir esto?

El Siervo sufriente de Isaías es el Mesías que redime a Su pueblo de sus pecados. Por supuesto, Isaías no es gentil, sino un gran profeta judío, a quien Dios reveló verdades que se cumplirían siglos después, en la persona de Yeshúa/Jesús el Mesías.

Porque la vida de la carne en la sangre está, y yo os la he dado para hacer expiación sobre el altar por vuestras almas; y la misma sangre hará expiación de la persona.

(Levítico 17:11)

CAPÍTULO 8

"VERÉ LA SANGRE"

◆

En el capítulo anterior, vimos el versículo de Isaías 52 que dice que el Siervo asombraría a muchas naciones, y lo relacionamos con la sangre de la expiación de Jesús. En el libro de Hebreos del Nuevo Testamento, se relaciona la sangre de los sacrificios de animales del libro de Levítico, y la sangre que Jesús derramó como el Mesías:

> Porque si la sangre de los toros y de los machos cabríos, y las cenizas de la becerra rociadas a los inmundos santifican para la purificación de la carne, ¿cuánto más la sangre de Cristo, el cual mediante el Espíritu eterno se ofreció a sí mismo sin mancha a Dios, limpiará vuestras consciencias de obras muertas para que sirváis al Dios vivo? (Hebreos 9:13-14)

> Porque habiendo anunciado Moisés todos los mandamientos de la ley a todo el pueblo, tomó la sangre de los becerros y de los machos cabríos, con agua, lana escarlata e hisopo, y roció el mismo libro y también a todo el pueblo, diciendo: Ésta es la sangre del pacto que Dios os ha mandado. Y además de esto, roció también con la sangre el tabernáculo y todos los vasos del ministerio. Y casi todo es purificado, según la ley, con

sangre; y sin derramamiento de sangre no se hace remisión. (Hebreos 9:19-22)

En el judaísmo moderno, no hay un lugar donde celebrar a Dios sacrificios de sangre de animales por el pecado. Cuando el templo fue destruido en 70 DC por los romanos, el lugar de los sacrificios fue quitado del pueblo judío. En ese entonces, se convocó el sanedrín bajo el liderazgo del rabí Yochanan be Zakkai, quien estableció la academia en Yavneh. Allí se logró establecer parte de la Torá sin sacrificios, el sacerdocio y el templo. Según la Midrash clásica en Avot D'rabí Nathan (4:5):

> El templo está destruido. Nunca vimos su gloria. Pero sí, lo hizo el rabí Joshua. Y cuando un día contempló las ruinas del templo, se rompió a llorar. "¡Ay de nosotros! ¡El lugar donde se hacía la expiación por todos los pecados de la gente de Israel está en ruinas!"

Después, el rabí Zakkai le habló estas palabras de consuelo:

> No te atribules, mi hijo. Hay otra manera de conseguir el rito de la expiación, aunque el templo está destruido. Tenemos que conseguir la expiación a través de actos de bondad amorosa.

Entonces cambió la manera de conseguir la expiación por el rito explicado en Levítico 16-17 a "actos de bondad amorosa". El Talmud y los siguientes rabíes siguieron su ejemplo, diciendo que la expiación ahora es provista por medio del arrepentimiento sin sacrificios, una enseñanza que ellos toman de versículos como los siguientes:

> Ciertamente el obedecer es mejor que los sacrificios. (1 Samuel 15:22)

> ¿Para qué me sirve, dice Jehová, la multitud de vuestros sacrificios? Hastiado estoy de holocaustos de carneros y de sebo de animales gordos; no quiero sangre de bueyes, ni de

ovejas, ni de machos cabríos . . . No me traigáis más vana
ofrenda; el incienso me es abominación. (Isaías 1:11, 13)

Porque misericordia quiero, y no sacrificio, y conocimiento
de Dios más que holocaustos. (Oseas 6:6)

Basándose en estas y otras Escrituras, el judaísmo desarrolló una teología que relegó a la antigua historia el sistema de sacrificios. El hecho de que el templo no siguiera ahí, y el lugar designado por Dios para los sacrificios, tampoco entonces este punto de vista parecía estar confirmado. Entonces, los rabíes decretaron que Dios puede perdonar los pecados a través del arrepentimiento, oraciones, ayunos y buenas obras; éstos remplazaron la sangre del sacrificio de animales. De esta manera, pusieron en marcha ideas que existían desde el exilio babilónico, usando la sinagoga y el hogar como alternativas de la adoración en el templo.

Mientras existía el templo, el altar hacía la expiación para Israel. Pero ahora la mesa del hombre provee su expiación.[1]

El arrepentimiento sincero se considera suficiente para el perdón de pecado:

El que comete una transgresión y se llena de vergüenza ya tendrá todos sus pecados perdonados.[2]

Maimonides escribió que el arrepentimiento expía todos los pecados:

En este tiempo cuando ya el templo no existe y no tenemos un altar de expiación, únicamente queda el arrepentimiento. El arrepentimiento expía todas las transgresiones. Aún si un hombre era malvado durante toda su vida y se arrepiente al final, tenemos que no mencionar delante de él su maldad, porque está escrito, "La impiedad del impío no le será estorbo el día que se volviere de su impiedad". (Ezequiel 33:12). Yom Kipur en sí expía a los que se arrepientan, como está escrito:

"Porque en este día se hará expiación por vosotros" (Levítico 16:30)

Entonces, ¿Dios dice que no hay necesidad de sacrificios para perdón de pecados? Volvamos a los versículos de la Biblia que se citaron arriba, observando su contexto. La queja de Dios con Su pueblo es que ofrecen sacrificios sin tener sinceridad porque lo hacen mientras siguen pecando. Dios no está diciendo "No ofrecer más sacrificios", sino que "Sus sacrificios no valen porque solamente tienen apariencia de agradarme, pero sus corazones y acciones están lejos de mí". Los está llamando al arrepentimiento y a ofrecer sacrificios de corazón sincero. No dice que el arrepentimiento toma *el lugar* del ofrecimiento de sacrificios.

Cuando consideramos la enseñanza completa de la Biblia, encontramos que casi todo pacto entre Dios y la humanidad involucra una ofrenda con derramamiento de sangre. Adán y Eva se taparon su desnudez con hojas, pero Dios no aceptó eso. El mató animales y les cubrió con sus pieles (Génesis 3:7, 21). Caín ofreció el fruto de la tierra, y no fue aceptado; mientras Abel ofreció "los primogénitos de sus ovejas" (i.e. un sacrificio con la muerte de un animal) y fue aceptado (Génesis 4:3-4). Noé ofreció holocausto de animales limpios del arca y "percibió Jehová olor grato" (Génesis 8:20-22). Dios hizo un pacto con Abraham acerca de su descendencia y la tierra prometida después que Abraham ofreció el sacrificio de animales que Dios le había pedido (Génesis 15). Después que Dios dio la Torá, Moisés leyó los mandamientos al pueblo, y roció al pueblo y al altar con la sangre de los animales sacrificados como sello de su pacto con Dios (Éxodo 24:3-8).

¿Se hizo todo esto porque Dios es sanguinario, o era algún rito primitivo ya suspendido? ¿O fue que Dios decía algo serio que había de entenderse? Según la Biblia, la muerte entró al mundo a causa del pecado:

Y al hombre dijo: Por cuanto obedeciste a la voz de tu mujer, y comiste del árbol de que te mandé diciendo: No comerás de él; maldita será la tierra por tu causa; con dolor comerás de ella todos los días de tu vida. Espinos y cardos te producirá, y comerás plantas del campo. Con el sudor de tu rostro comerás el pan hasta que vuelvas a la tierra, porque de ella fuiste tomado; pues polvo eres, y al polvo volverás. (Génesis 3:17-19)

Del profeta Ezequiel leemos, "El alma que pecare, ésa morirá" (Ezequiel 18:4)

Entonces, para cubrir el pecado y librarnos de su castigo (la muerte), tiene que haber otro que muera en nuestro lugar. Bajo el pacto con Moisés, esto era el animal que sacrificaba su sangre (murió) de acuerdo con los mandamientos dados en la Torá. Era la única manera de quitar la barrera entre Dios y la humanidad por el pecado del hombre. Dios es santo, y nosotros no lo somos. El Señor nos explica que se necesita el derramamiento de sangre para permitirnos tener una relación con El. En Levítico 17:11, leemos:

> Porque la vida de la carne en la sangre está, y yo os la he dado para hacer expiación sobre el altar por vuestras almas; y la misma sangre hará expiación de la persona.

Leemos también de la importancia de la sangre en cuanto a la noche de la pascua, cuando el pueblo recibió la instrucción de sacrificar un cordero y poner su sangre en los dinteles y los postes de su casa. El ángel de la muerte iba a pasar de ellos:

> Porque Jehová pasará hiriendo a los egipcios; y cuando vea la sangre en el dintel y en los dos postes, pasará Jehová aquella puerta, y dejará entrar al heridor en vuestras casas para herir. (Éxodo 12:23)

Desde la destrucción del templo, no ha existido el sacrificio con sangre; y el judaísmo moderno ya no lo considera necesario. Sin embargo, según los versículos de Levítico, es clave. No estoy diciendo que el judaísmo debe volver a sacrificar animales; aun si eso fuera posible en el mundo moderno, el sacrificio final por el pecado fue hecho una vez para siempre por Jesús el Mesías. El es el "Cordero de Dios, que quita el pecado del mundo". Derramó Su sangre en el tiempo de la pascua, para el perdón de pecados de toda la humanidad.

> Pero estando ya presente Cristo, sumo sacerdote de los bienes venideros... por su propia sangre, entró una vez para siempre en el Lugar Santísimo, habiendo obtenido eterna redención. Porque si la sangre de los toros y de los machos cabríos, y las cenizas de la becerra rociadas a los inmundos, santifican para la purificación de la carne, ¿cuánto más la sangre de Cristo, el cual mediante el Espíritu eterno se ofreció a sí mismo sin mancha a Dios, limpiará vuestras conciencias de obras muertas para que sirváis al Dios vivo? (Hebreos 9:11-14)

Bajo el antiguo pacto, el individuo recibió el perdón por medio del arrepentimiento y fe en la sangre del animal sacrificado. Reconoció que él merecía la muerte, pero que Dios en Su misericordia aceptó el sacrificio en su lugar. La sangre del animal solo tenía valor porque señalaba la sangre del Mesías que iba a venir. Bajo el nuevo pacto, fue derramada por nuestros pecados:

> De otra manera le hubiera sido necesario padecer muchas veces desde el principio del mundo; pero ahora, en la consumación de los siglos, se presentó una vez para siempre por el sacrificio de sí mismo para quitar de en medio el pecado. Y de la manera que está establecido para los hombres que mueran una sola vez, y después de esto el juicio, así también Cristo fue ofrecido una sola vez, sin relación con el pecado, para salvar a los que le esperan. (Hebreos 9:26-28)

Así como era con el antiguo pacto, todavía es necesario que los que lleguen a Dios se arrepientan de sus pecados y pongan su fe en el sacrificio que El designó. Bajo el antiguo pacto, era la sangre del animal dado en sacrificio. Con el nuevo pacto, es el perfecto sacrificio de la sangre de Jesús el Mesías que presagiaron los sacrificios del Antiguo

Testamento. Al aceptar este sacrificio, podemos estar en una relación de pacto con Dios.

Jesús, antes que Le llevaran para ser crucificado, celebró la pascua con Sus discípulos. El tomó los conocidos elementos del pan matzo (no leudado) y del vino que simbolizaban el Éxodo de Egipto, y los aplicó a Sí mismo:

> Y les dijo: ¡Cuánto he deseado comer con vosotros esta pascua antes que padezca! Porque os digo que no la comeré más, hasta que se cumpla en el reino de Dios. Y habiendo tomado la copa, dio gracias, y dijo: Tomad esto, y repartidlo entre vosotros; porque os digo que no beberé más del fruto de la vid, hasta que el reino de Dios venga. Y tomó el pan y dio gracias, y lo partió y les dio, diciendo: Esto es mi cuerpo, que por vosotros es dado; haced esto en memoria de mí. De igual manera, después que hubo cenado, tomó la copa, diciendo: Esta copa es el nuevo pacto en mi sangre, que por vosotros se derrama. (Lucas 22:15-20)

Estaba diciendo que ahora se ofrecía un éxodo aún más grande, no de solo liberar al pueblo de la esclavitud física de Egipto, sino una liberación de la esclavitud al pecado y la entrada a la tierra prometida de una relación con Dios.

En el Éxodo, Dios exigía a los Israelitas poner la sangre sobre los dinteles y postes de sus casas, para que el ángel de la muerte pasara de ellos, preservándoles la vida. Ahora, Dios exige que la sangre del Mesías se aplique a nuestras vidas individuales, permitiendo pasar de la muerte eterna y separación de Dios, a la vida eterna en el reino de Dios. En la celebración de la pascua judía, la copa se toma después de la cena. Jesús la relacionó con el nuevo pacto, y es la tercera copa, conocida como la Copa de la Redención.

Entonces, Dios reemplazó los sacrificios de animales con el sacrificio del Mesías como nuestra expiación por el pecado. No los reemplazó con la oración, buenas obras y ayunos. Como veremos en el próximo capítulo, también hay una relación vital entre la muerte sacrificial del Mesías y la destrucción del templo que puso fin a los sacrificios de animales.

Cuando Jesús murió en la cruz, Sus últimas palabras fueron, "Consumado es" (Juan 19:30). No estaba diciendo que Su vida se había terminado, sino que se había terminado la obra de la redención; no había necesidad de añadir nada más. Significaba que desde ese momento, los sacrificios de animales en el templo eran innecesarios. Desde ahora en adelante, representarían obras de incredulidad y desobediencia, y no de fe y obediencia. La carta a los Hebreos en el Nuevo Testamento fue escrita para aclarar a los creyentes judíos que no debían tomar parte ya en los sacrificios de animales del templo, de otro modo sería como pisotear la sangre del pacto sellado por la sangre de Jesús derramada en la cruz (Hebreos 10:26-39).

También hay un paralelo exacto, cuando los profetas reprendían los sacrificios insinceros, como citamos al principio de este capítulo. Como hemos visto, no es que Dios no quería sacrificios, sino que éstos, ofrecidos sin arrepentimiento, fe y obras de justicia, no tenían valor y eran una ofensa delante de Dios.

Pablo escribe en 1 Corintios 11:27-29:

> De manera que cualquiera que comiere este pan o bebiere esta copa del Señor indignamente, será culpado del cuerpo y de la sangre del Señor. Por tanto, pruébese cada uno a sí mismo, y coma así del pan, y beba de la copa. Porque el que come y bebe indignamente, sin discernir el cuerpo del Señor, sin discernir el cuerpo del Señor, juicio come y bebe para sí.

Quiere decir que la persona que "indignamente" tome el pan y el vino en memoria del Señor Jesús no es acepta delante de Dios. Lo que El busca es el arrepentimiento genuino y fe en Jesús como Salvador y Señor. Si éstos faltan, tomar el pan y la copa es exactamente como ofrecer sacrificios sin arrepentimiento, lo que el Señor condenó en Israel, según el pasaje de Isaías citado a comienzos de este capítulo. En vez de hacernos bien, esta práctica nos pone bajo el juicio de Dios.

Entonces, la enseñanza del Nuevo Testamento concuerda con el Tanaj, donde la sangre del antiguo pacto era un anticipo de la sangre derramada por el Mesías más adelante. Dios exige la sangre de la expiación, pero que la gente reciba este sacrificio de manera digna, con fe y arrepentimiento en el corazón. Bajo el Tanaj, la sangre de la expiación fue provista por la de sacrificios de animales. Bajo el Nuevo Testamento, la expiación se cumple por el sacrificio del Mesías, el mejor y eterno pacto que pone a los judíos y los gentiles en paz con Dios.

En Génesis 14:18-20, leemos de una persona desconocida que es una figura que representa todo ello. Se llama Melquisedec (Rey de justicia), que es el rey de Salem (Rey de paz). Se encuentra con Abraham cuando él regresó de la primera guerra anotada en la Biblia. Volviendo de una guerra es un buen momento para encontrarse con el Rey de justicia y paz. Melquisedec ofrece pan y vino a Abraham, como Jesús ofrece pan y vino a Sus discípulos como símbolo de Su cuerpo y sangre dados en sacrificio por los pecados del mundo (Lucas 22:19-20).

¿Quién era Melquisedec? ¿Apareció a Abraham como el Mesías o tipo del Mesías? En el texto no está claro, pero lo cierto es que era una persona muy exaltada. En el Salmo 110, tenemos la profecía de alguien que es "sacerdote para siempre según el orden de Melquisedec". ¿Quién sería? También hay otro misterio, donde el Salmo 110 empieza diciendo, "Jehová dijo a mi Señor". ¿Cómo puede el Señor hablar al Señor? Solamente es posible si Dios es una unidad plural, tema que habíamos tratado en el capítulo 5.

La carta a los Hebreos del Nuevo Testamento describe a Melquisedec como "sacerdote del Dios Altísimo" . . . "sin padre, sin madre, sin genealogía; que ni tiene principio de días, ni fin de vida, sino hecho semejante al Hijo de Dios, permanece sacerdote para siempre" (Hebreos 7:1-3). Continúa diciendo que un mejor pacto ya opera, reemplazando el sistema de sacrificios mediado por los sacerdotes levitas, que tenían que ofrecer animales vez tras vez. Este pacto se medió de una vez para siempre por el sacrificio de Jesús el

El factor del Mesías

Mesías, y nunca tendrá que reemplazase. Todos los que llegan a Dios con arrepentimiento y fe en Jesús ya no tienen que temer Su juicio.

Y de la manera que está establecido para los hombres que mueran una sola vez, y después de esto el juicio, así también Cristo fue ofrecido una sola vez para llevar los pecados de muchos; y aparecerá por segunda vez, sin relación con el pecado, para salvar a los que le esperan. (Hebreos 9:27-28)

CAPÍTULO 9

LA CAÍDA DEL SEGUNDO TEMPLO

Entonces, ¿en dónde queda el sacrificio de animales hoy en día? Hay judíos ortodoxos en Jerusalén que desean reedificar el templo y restablecer los sacrificios. Los fieles del Monte del Templo han establecido su sanedrín reconstituido, están fabricando los utensilios para el tempo y preparando sacerdotes para recrear el sistema sacrificial. Según su website:

> La meta del Movimiento Fiel Tierra de Israel y del Monte del Templo es la edificación del Tercer Templo en el Monte del Templo en Jerusalén durante nuestra vida de acuerdo con la Palabra de D-s y todos los profetas hebreos; también la liberación del Monte del Templo de la ocupación árabe (musulmán) para que pueda ser consagrado al Nombre de D-s.[1]

Después de haber hecho esto, ellos creen que llegará el Mesías, el hijo de David.

Sin embargo, esto es asunto de una minoría animada por algunos cristianos, que, pendientes de ciertas profecías, quieren ver un templo reedificado. Un problema es el hecho de que el área del Templo está por ahora bajo control musulmán. Cualquier intento de reedificar el Templo donde está actualmente la Mezquita de la Roca causaría un gran alboroto en el mundo islámico. Aparte de los gigantescos problemas con la renovación del sistema sacrificial, que significaría el restablecer el sacerdocio y un sanedrín. Como me dijo una vez un amigo judío, "Tenemos suficientes problemas con ponernos de acuerdo sobre un rabí principal. ¡Ustedes también pretenden que concordemos sobre quién debe ser el sumo sacerdote!" Los judíos que se oponen a la reconstrucción del Templo dicen que significaría el fin del judaísmo y del sionismo.[2]

La destrucción del Segundo Templo fue un evento tremendamente significativo para el pueblo judío. El rabí Ken Spiro escribe:

> La destrucción del Segundo Templo es uno de los eventos más importantes de la historia del pueblo judío, y ciertamente sumamente deprimente. Es una señal que Dios se ha alejado de (aunque ciertamente no abandonado a) los judíos. Aunque los judíos sobrevivirán de acuerdo con la promesa que serán una "nación eterna", la relación especial con Dios que gozaban durante el tiempo del Templo se ha ido . . . ¿Por qué fue destruido el Segundo Templo? Fue a causa del sinat chinam, el odio sin causa de un judío contra otro (el Talmud—Yomah)[3]

Tiene que haber una razón por la cual Dios permitió esta calamidad para Israel. El rabí Spiro tiene razón al decir que la destrucción del Templo fue uno de eventos más importantes de la historia del pueblo judío. Pero la respuesta dada en el Talmud no es aceptable. Como dice el rabí, el pueblo judío de ahora no goza de la misma relación con Dios que tenía en días anteriores, con una extensa protección divina y victoria contra sus enemigos bajo líderes como Moisés, Josué, Gedeón y David. Mas bien, han experimentado el cumplimiento de Deuteronomio 28:64-66 :

> Y Jehová te esparcirá por todos los pueblos, desde un extremo de la tierra hasta el otro extremo; y allí servirás a dioses ajenos que no conociste tú ni tus padres, al leño y a la piedra. Y ni

aun entre estas naciones descansarás, ni la planta de tu pie tendrá reposo; pues allí te dará Jehová corazón temeroso, y desfallecimiento de ojos, y tristeza de alma; y tendrás tu vida como algo que pende delante de ti, y estarás temeroso de noche y de día, y no tendrás seguridad de tu vida.

¿Por qué ocurre esto? Una lectura de todo Deuteronomio 28 da una respuesta clara. Los versículos 1-14 explican todas las bendiciones de la paz de Dios, Su prosperidad y protección para Israel, bajo esta condición: ". . . si oyeres atentamente la voz de Jehová tu Dios, para guardar y poner por obra todos sus mandamientos" (versículo 1). El resto del capítulo (versículos 15-68) habla de los juicios de Dios sobre Israel en caso de la desobediencia. Toda la historia de Israel en la Biblia puede verse como el cumplimiento de este capítulo en la experiencia de su pueblo.

Cuando la gente se apartaba de Dios, experimentaba Sus juicios en forma de invasiones de extranjeros, sequías, la desintegración social y confusión. En esos tiempos, Dios levantaba profetas y líderes que daban Sus mensajes; y volvía la gente a las bendiciones de Dios, la victoria sobre sus invasores, y la paz. Pero cuando rehusaba escucharle, Dios permitió que llegara el castigo a través de las naciones gentiles.

Como dice el rabí Spiro, el mayor sufrimiento en la historia de Israel comenzó con la destrucción del Templo en Jerusalén por los romanos, y los judíos fueron dispersados. ¿Sería una coincidencia que eso pasara solo una generación después de que Dios se manifestara a través de Yeshúa, Jesús de Nazaret, no solo por Sus palabras, sino también por Su muerte y resurrección? Dios habló a Moisés, diciendo:

> Profeta les levantaré de en medio de sus hermanos, como tú; y pondré mis palabras en su boca, y él les hablará todo lo que yo le mandare. Mas a cualquiera que no oyere mis palabras que él hablare en mi nombre, yo le pediré cuenta. (Deuteronomio 18:18-19)

Si Jesús era el profeta mostrado a Moisés, tenemos una explicación para la caída del Templo en 70 D.C., y esto es más razonable que la que es dada en el Talmud. La gente, y en particular el liderazgo religioso, no hicieron caso a las palabras de Jesús, de modo que Dios permitió esta calamidad. Esto es más lógico que la teoría de un "odio sin causa". Si el "odio sin causa" fuera tan serio como para merecer la destrucción del Templo y el esparcimiento de los judíos a las naciones, Dios habría enviado de antemano un profeta para amonestarles a amarse los unos a los otros. En realidad, El lo hizo. Jesús dijo:

> Un mandamiento nuevo os doy: Que os améis unos a otros; como yo os he amado, que también os améis unos a otros. (Juan 13:34)

Si observamos la caída del primer Templo a manos de los babilonios, encontramos que Dios había enviado profeta tras profeta para advertir a Su pueblo sobre lo que venía. Jeremías era el profeta principal que Dios levantó para amonestar a aquella generación sobre la caída del Templo y la cautividad babilónica de los judíos. Como profeta, hizo tres cosas principales:

1. Les dijo lo que iba a pasar.

2. Les explicó la razón.

3. Dio una promesa de restauración

Durante cuarenta años, Jeremías advirtió a su generación que si no se arrepintieran de sus pecados, los babilonios los iban a invadir, destruir el templo, y llevar a los judíos a Babilonia. Iba a ocurrir a causa de su adoración a los ídolos y su desobediencia a los mandamientos de Dios.

> He aquí, vosotros confiáis en palabras de mentira, que no aprovechan. Hurtando, matando, adulterando, jurando en falso, e incensando a Baal, y andando tras dioses extraños que no conocisteis, ¿vendréis y os pondréis delante de mí en esta

casa sobre la cual es invocado mi nombre, y diréis: Librados somos; para seguir haciendo todas estas abominaciones? (Jeremías 7:8-10)

Lejos de arrepentirse, se burlaron de Jeremías y rechazaron su mensaje, prefiriendo a los falsos profetas que decían que iban a tener paz y seguridad. Pero Jeremías no solo era profeta de juicio, sino también prometió el regreso de Babilonia y una esperanza para el futuro:

> Porque así dijo Jehová: Cuando en Babilonia se cumplan los setenta años, yo os visitaré, y despertaré sobre vosotros mi buena palabra, para haceros volver a este lugar. Porque yo sé los pensamientos que tengo acerca de vosotros, dice Jehová, pensamientos de paz, y no de mal, para daros el fin que esperáis. (Jeremías 29:10-11)

Esta promesa se cumplió cuando los persas conquistaron el imperio babilónico. El emperador Ciro decretó que el pueblo judío debía volver a la tierra prometida y reedificar el Templo en Jerusalén (Ezra 1:1-4). De esta manera, se cumplió el pacto con los descendientes de Abraham: volvieron a la tierra que Dios le había prometido a Abraham.

Jeremías también veía más allá del regreso del pueblo judío. Vio también el tiempo cuando Dios haría un nuevo pacto con la casa de Israel. Los términos de este pacto serían diferentes al pacto que Dios hizo con Israel cuando los liberó de Egipto.

> Pero éste es el pacto que haré con la casa de Israel después de aquellos días, dice Jehová: Daré mi ley en su mente, y la escribiré en su corazón; y yo seré a ellos por Dios, y ellos me serán por pueblo. Y no enseñará más ninguno a su prójimo, ni ninguno a su hermano, diciendo: Conoce a Jehová; porque todos me conocerán, desde el más pequeño de ellos hasta el más grande, dice Jehová; porque perdonaré la maldad de ellos, y no me acordaré más de su pecado. (Jeremías 31:33-34)

El nuevo pacto habla del Mesías que vencería el problema de la naturaleza pecaminosa que causa nuestra desobediencia a los mandamientos de Dios. La venida de Jesús cumplió Isaías 53 y muchas otras profecías; El estableció el nuevo pacto al morir como sacrificio por los pecados del mundo. En los momentos cuando los judíos ofrecían los corderos de la pascua recordando la sangre del cordero que los protegía del ángel de la muerte (Éxodo 12), Jesús murió crucificado, cumpliendo Salmo 22, Daniel 9:26 y Zacarías 2:10. Era el "Cordero de Dios, que quita el pecado del mundo" (Juan 1:29). Como vimos en el anterior capítulo, El salva de la muerte eterna a todos los que están bajo la protección de Su sangre.

¿La llegada del nuevo pacto significaba que Dios había dejado al pueblo judío, y que el pacto que había hecho con Abraham ya no era vigente? Muchas iglesias actualmente enseñan eso, una doctrina llamada "la teología del reemplazo". Esto dice que las promesas dadas a Israel ahora se pasan a la iglesia. Pero es importante notar que después que Dios dio la promesa del nuevo pacto, también dijo que mientras durara el sol, la luna, y las estrellas, Israel seguiría como nación delante de El (Jeremías 31:35-36).

Mirando cuidadosamente las palabras de Jesús sobre Israel, vemos que Jesús enseñaba proféticamente como había hecho Jeremías:

1. Advirtió sobre la destrucción venidera.
2. Les explicó la razón de ella.
3. Dio una promesa de restauración.

Cuando Jesús entró en Jerusalén al principio de la semana de Su crucifixión y resurrección, se detuvo a mitad del camino del Monte de los Olivos, y lloró sobre la ciudad:

> ¡Oh, si también tú conocieses, a lo menos en este tu día, lo que es para tu paz! Mas ahora está encubierto de tus ojos. Porque vendrán días sobre ti, cuando tus enemigos te rodearán con vallado, y te sitiarán, y por todas partes te estrecharán, y te derribarán a tierra, y a tus hijos dentro de ti, y no dejarán en

ti piedra sobre piedra, por cuanto no conociste el tiempo de tu visitación. (Lucas 19:42-44)

Jesús profetizó la destrucción de Jerusalén y del Templo por los romanos, que ocurrió en 70 D.C. Amonestó a los creyentes a huir de la ciudad cuando veían a los ejércitos reunidos, porque iba a ser un tiempo temible de muerte y destrucción. También sabía que el motivo de la rebelión judía sería una esperanza mesiánica falsa de liberación del dominio de los romanos. Esto ocurrió en la segunda revuelta judía (132-135 D.C.), dirigida por Bar Kokhba, y proclamado el Mesías por el rabí Akiba.

> ... porque habrá gran calamidad en la tierra, e ira sobre este pueblo. Y caerán a filo de espada, y serán llevados cautivos a todas las naciones; y Jerusalén será hollada por los gentiles, hasta que el tiempo de los gentiles se cumplan. (Lucas 21:23-24)

En estos versículos, Jesús advierte sobre la destrucción de Jerusalén y el esparcimiento del pueblo judío a las naciones de los gentiles. También dio la razón: "por cuanto no conociste el tiempo de tu visitación" (Lucas 19:44). En otras palabras, este esparcimiento ocurrió porque Jesús no fue reconocido como el Mesías. En este sentido, hay cierta verdad en la teoría judía del "odio sin causa" pero no cómo se entiende hoy en día. Los judíos contestan a la pregunta, "¿Quiénes eran el objeto del odio sin causa?", la hostilidad de las diferentes facciones entre los judíos que defendían a Jerusalén de los romanos permitió su conquista. Pero Jesús habló del rechazo hacia El y de Su posterior crucifixión, usando esta misma frase:

> El que me aborrece a mí, también a mi Padre aborrece. Si yo no hubiese hecho entre ellos obras que ningún otro ha hecho, no tendrían pecado; pero ahora han visto y han aborrecido a mí y a mi Padre. Pero esto es para que se cumpla la palabra que está escrita en su ley: Sin causa me aborrecieron. (Juan 15:23-25, del Salmo 69:4) (Énfasis Pearce)

El factor del Mesías

Es fascinante notar que hay una advertencia de una futura destrucción del Templo en el Talmud. Aunque se piensa que éste sería el último lugar donde encontrar una indicación que Jesús es el Mesías, hay un pasaje sobre algo que pasó cuarenta años antes de la destrucción del Templo. También alude a su desolación espiritual. Jesús dio Su profecía sobre su destrucción posterior a Su muerte en sacrificio por los pecados del mundo, y el fin de la necesidad de sacrificios de animales.

La práctica de Yom Kippur, el día de la expiación, del segundo Templo, utilizaba dos machos cabríos en sacrificio al Señor según Levítico 16. El primer macho cabrío era "por Jehová" y el segundo "por Azazel".

El sumo sacerdote echaba suerte sobre los machos cabríos; y se creía que era buena señal si llevaba con la mano derecha al animal de Jehová, y mala si usaba la izquierda. La sangre del primer macho cabrío era para el lugar santísimo, y el segundo fue enviado al desierto, después que los pecados del pueblo fueran puestos sobre él, de acuerdo con Levítico 16:21. Se ataba a su cuello una tela escarlata, y después lo llevaban a un precipicio en el desierto unas doce millas de Jerusalén. En su libro *The Fall Feasts of Israel* (*Las fiestas otoñales de Israel*), Mitch y Zhava Glaser describen lo que se hacía después:

> Cuando el macho cabrío finalmente llegaba al precipicio, el sacerdote quitaba la tela escarlata de su cabeza y la dividía, atando la mitad a los cuernos del animal y la otra mitad en un saliente del precipicio. Después, el sacerdote mandaba al macho cabrío hacía atrás para caerse a su muerte. Relacionado con esta ceremonia, una tradición interesante surgió, que se menciona en la Mishna. Una parte de la tela escarlata se ataba a la puerta del Templo antes de llevar al macho cabrío al desierto. La tela se cambiaría de roja a blanca cuando el animal muriera, señalando a la gente que Dios habría aceptado su sacrificio y perdonado sus pecados. Esto se basaba sobre el versículo en Isaías donde el profeta expresa "Venid luego, dice Jehová, y estemos a cuenta: si vuestros pecados fueren

como la grana, como la nieve serán emblanquecidos; si fueren rojos como el carmesí, vendrán a ser como blanca lana" (Isaías 1:18). La Mishna nos dice que cuarenta años antes de la destrucción del Templo, la tela dejó de volverse blanca. Esto fue aproximadamente el año en que murió Cristo.[4]

De hecho, hay cuatro señales anotadas en el Talmud (Yoma 39a,b) de eventos que ocurrieron en este período de cuarenta años antes de la destrucción del Templo:

1. La suerte del macho cabrío por Jehová no salía en la mano derecha del sumo sacerdote.
2. La tela escarlata atada a la puerta del Templo en el día de la expiación dejó de volverse blanca al caer el macho cabrío por el precipicio.
3. En el candelabro del Templo, la vela ubicada más hacia el oeste no ardía. Se creía que esta vela era la que se usaba para prender las demás velas del candelabro.
4. Las puertas del Templo se abrían por si solas. Los rabíes vieron esto como el cumplimiento inquietante de Zacarías 11:1, "Oh Líbano, abre tus puertas, y consuma el fuego tus cedros". La apertura de las puertas para permitir entrar el fuego consumidor señalaba la destrucción del Templo por fuego.[5]

No puede ser una coincidencia que dos de estas señales se relacionaran con los sacrificios del día de expiación, y que todos tomaran lugar durante los cuarenta años antes de la destrucción del Segundo Templo. Señala la verdadera razón por la cual Dios permitió su destrucción. Tiene que ver con el rechazo del Mesías por el sanedrín, y la continuación de los sacrificios de animales después que el perfecto y último sacrificio por el pecado se habría ofrecido. Dios nunca más aceptaba los sacrificios de animales del Yom Kippur después que Jesús se dio a Si mismo como sacrificio expiatorio por el pecado. Esto explica por qué, durante los cuarenta años antes de la destrucción del Templo,

El factor del Mesías

la tela no se volvía blanca y la mano izquierda siempre caía sobre el macho cabrío de Jehová (que sería una imposibilidad en lo normal).

Aparte de este pasaje en el Talmud, hay una profecía mayor del Tenaj que demuestra que el Mesías llegaría antes de la destrucción del Segundo Templo y da su causa. Daniel 9 nos habla del encuentro de Daniel con el ángel Gabriel, mientras oraba por la restauración del Templo en Jerusalén al cumplir los setenta años profetizado por Jeremías. Se le da una profecía detallada (los muy nombradas "70 semanas de años) que habla de la restauración de Jerusalén en "tiempos angustiosos". La ciudad y el santuario (Templo) más adelante estarían destruidos, pero antes de esto, iba a ser quitada "la vida al Mesías":

> Y después de la sesenta y dos semanas se quitará la vida al Mesías, mas no por sí; y el pueblo de un príncipe que ha de venir destruirá la ciudad y el santuario; y su fin será con inundación, y hasta el fin de la guerra durarán las devastaciones. (Daniel 9:26)

Un joven, Rachmiel Frydland, había estudiado en una yeshiva de Varsovia antes de la Segunda Guerra mundial. Algunos cristianos le habían mostrado este pasaje de Daniel, que le inquietó mucho. Buscó una respuesta judía a la convicción de ellos que este versículo hablaba de Jesús. Tuvo dificultad en encontrar información sobre esto, ya que se evitaba el estudio de Daniel por sus referencias al Mesías. Por fin encontró algunos comentarios que seguían el estudio del rabí Rashi, que sostuvo que la referencia señalaba al rey Agripa, quien murió justo antes de la destrucción del Segundo Templo. Pero Frydland decidió que si los mejores rabíes no pudieran llegar a una mejor conclusión de que este versículo tratara de un rey gentil sin importancia, tenían que estar equivocados. La única persona que podría cumplir este versículo sería el Mesías, que fuera quitado por una muerte violenta, no por sí mismo sino por los pecados de otros, en un tiempo antes de la destrucción romana de la ciudad (Jerusalén) y el santuario (el Templo), o sea, Jesús el Mesías. La historia de la fe en el Mesías de Rachmiel Frydland, y como sobrevivió milagrosamente el Holocausto en Polonia se encuentra en su libro, *When Being Jewish Was a Crime* (*Cuando era crimen ser judío*).⁶

Jesús profetizó la futura destrucción de Jerusalén y del Templo; pero también habló de una futura esperanza, cuando esta desolación se quitaría (lo explicamos abajo). Dijo "He aquí vuestra casa (el Templo) os es dejada desierta" (Mateo 23:38). El templo quedó desolado en sentido espiritual justo después de la muerte y resurrección de Jesús. Desde este punto, Dios ya no aceptaba más los sacrificios del Templo por razones que ya vimos. Cuarenta años después, la desolación física también llegó al edificio, con su destrucción por los romanos, cumpliendo las palabras de Daniel 9:26 y Lucas 19:41-44.

Pero no es que todo se haya acabado, sino que Jesús, hablando proféticamente a Jerusalén, mira hacia adelante al día de la redención, diciendo:

> Porque os digo (i.e. Jerusalén) que desde ahora no me veréis, hasta que digáis: Bendito el que viene en el nombre del Señor. (Mateo 23:39)

Esta frase es muy importante. En hebreo, es "Baruch ha ba be shem adonai".

Es el saludo tradicional para el Mesías que viene. Jesús está diciendo que va a ocurrir algo que cambiará la situación de la ciudad de modo que ya no más estará "hollada por los gentiles" (Lucas 21:24). Esto concuerda con las numerosas profecías del Tanaj sobre la futura redención de Jerusalén.

¿Cómo se efectuará este cambio? Es que Jesús será reconocido como el Mesías, y un derramamiento del Espíritu Santo llegará a los que clamen a Su nombre. Se efectuará Su segunda venida a la tierra y el pueblo judío Le dará la bienvenida como el Mesías, con las palabras, "Bendito el que viene en el nombre del Señor" (Mateo 23:39).

CAPITULO 10

NO PAZ, NO MESÍAS

◆

En la profecía de Daniel citada al final del capítulo nueve, el Mesías llegaría antes de la destrucción del Segundo Templo; y que después de Su venida seguirían guerras y desolación. Este punto de vista, por supuesto, no es cómo piensa la mayor parte de los judíos hoy referente al Mesías. Hablando con un amigo judío, él me dijo: "Su Jesús no puede ser el Mesías, porque no hay paz en el mundo".

Le comenté que Jesús vino la primera vez para salvarnos de nuestros pecados, cumpliendo las profecías de la Biblia de un siervo que sufre. Después Él vendrá otra vez para juzgar al mundo en justicia, y traer el prometido período de paz y justicia.

"¿De dónde sacó esta idea de una 'segunda venida'? ¿Es que Jesús no tuvo éxito la primera vez y que tiene que tener otra oportunidad? No dice nada en la Biblia que el Mesías vendría dos veces".

Puede ser que él habría leído esto en el libro del rabí Kaplan, *The Real Messiah* (*El verdadero Mesías*), que dice:

> La tarea principal del Mesías será volver el mundo a Dios y abolir toda guerra, sufrimiento e injusticia. Obviamente, Jesús no lo cumplió. Para lidiar con el fracaso de Jesús, los cristianos inventaron la doctrina de "la Segunda Venida". Todas las

profecías que Jesús no cumplió la primera vez supuestamente se arreglarán en la segunda vuelta. Sin embargo, la Biblia judía en absoluto no da ninguna evidencia para apoyar la doctrina cristiana de una "Segunda Venida".[1]

También mi amigo podría haber leído "Operation Judaism Fact Pack" (Paquete de hechos para Operación Judaísmo), compilado por el rabí S. Arkush, y diseñado para responder a los cristianos que Jesús es el Mesías.

1. El dice que cuando el Mesías venga, hará lo siguiente:
2. El Mesías traerá una paz universal. (Isaías 2:4)
3. Las familias vivirán juntos en perfecta armonía. (Malaquías 3:24
4. Aún los animales vivirán juntos en paz. (Isaías 11:6)
5. No habrá más enfermedad. (Isaías 35:5-6)
6. No habrá más tristeza. (Isaías 65:19)
7. No habrá más muerte. (Isaías 25:8)
8. Los exiliados de Israel volverán a su tierra. (Ezequiel 39:25-28)
9. Las diez tribus dispersadas también volverán a su tierra. (Ezequiel 27:13)
10. Aun los muertos se levantarán y volverán. (Ezequiel 37:12)
11. Las naciones serán reunidas para el juicio. (Joel 3:2)
12. En Israel no se encontrará ningún pecado. (Jeremías 50:20)
13. Las ciudades de Israel se volverán a edificar con piedras preciosas. (Isaías 54:11-12)
14. Aun Sodoma será reedificada. (Ezequiel 16:55)
15. La Presencia Divina morará en Israel. (Ezequiel 37:27-28)
16. Gozo y paz reinará en Jerusalén. (Isaías 65:18-23)
17. Todo Israel guardará la Ley. (Ezequiel 36:27)
18. De nuevo se ofrecerán sacrificios en el Templo. (Malaquías 3:3-4)
19. No habrá más idolatría. (Isaías 2:18)
20. Todas las naciones serán unidas bajo un solo reino. (Daniel 2:44)
21. Habrá una sola fe, y todas las naciones adorarán al Dios de Israel. (Isaías 66:23)[2]

Ciertamente no ha habido una paz universal desde la venida de Jesús; y si fuera a meter un cordero normal en la jaula de un león normal, no habría un buen futuro para el cordero. Entonces, ¿eso quiere decir que Jesús no es el Mesías profetizado en la Biblia?

UN PROBLEMA PARA EL JUDAÍSMO RABÍNICO

Antes de considerar cómo responder a todo ello, tenemos que decir que los rabíes también tienen un problema con el asunto. Aun si aceptáramos que las veinte citas dadas arriba se refieran al Mesías, la lista dista mucho de ser completa. Aunque los profetas dan un cuadro claro del Mesías que reina con poder sobre la tierra, que redime a Israel, pone fin a las guerras, y trae el conocimiento universal de Dios (Isaías 2:1-4, Isaías 11:1-9, Ezequiel 40-48, Daniel 2:44, Zacarías 14), hay otras profecías que hablan de sufrimiento del Mesías para expiar el pecado, como mencionamos antes en este libro (Salmo 22, Isaías 52:13-53:12, Daniel 9:25-26, Zacarías 12:10). Aparentemente, el rabí Arkush quiere ignorar por completo este cuadro del Mesías, pero esta posición no es universal.

Como vimos en el capítulo siete, en el siglo 16, Alshech, el rabí principal de Safed, norte de Galilea, comentó sobre Isaías 53:

> Nuestros rabíes, con una sola voz, aceptan y afirman la opinión de que el profeta se refiere al rey Mesías; y nosotros también nos aferramos a este punto de vista.[3]

Refiriéndose a Zacarías 12:10, donde el profeta dice que los de Israel "mirarán a mí, a quien traspasaron", el rabí Alshech escribe:

> Porque levantarán sus ojos a mí en un arrepentimiento perfecto cuando ven al que traspasaron, o sea, el Mesías, hijo de José; porque nuestros rabíes, de memoria bendita, han dicho que El tomará sobre sí toda la culpa de Israel, y después será matado en la guerra para hacer expiación, de tal manera que será contado como si Israel le hubiera traspasado, porque fue por su pecado que El ha muerto; y así, para que

pueda ser contado para ellos como una expiación perfecta, ellos se arrepentirán, y mirarán al Bendito, diciendo que no hay sino El para perdonar a los que hacen duelo, por El que murió por su pecado: esta es el significado de Mirarán a mí.[4] (Énfasis Pearce)

Que este pasaje (Zacarías 12:10) se refiere al Mesías concuerden Aben Ezra y Abarbanel, también Rashi en su comentario sobre el Talmud.

Las palabras del rabí Alshech sobre el "Mesías, hijo de José" es una referencia al punto de vista dentro del judaísmo que hay dos Mesías: uno llamado el Mesías hijo de José que sufre y muere; y él que se llama el Mesías hijo de David, que reina. Sobre este tema, David Baron escribe:

> La doctrina o teoría de dos Mesías, un Mesías ben José, que sufrirá y morirá; y el Mesías ben David, que reinará en poder y gloria puede encontrarse en el tercer o cuarto siglo D.C. Probablemente eso tiene su origen en la lucha de los del Talmud frente al cuadro aparentemente irreconciliable de un Mesías que sufre pero que es glorioso, que encontraron en las profecías (escrituras). En lugar de encontrar la solución como dos venidas de una sola persona, explicaron las diferentes escrituras como referencias a dos personas diferentes.[5]

Al Mesías que sufre es dado el nombre "hijo de José", porque sufre el rechazo y la humillación como lo hizo José en Egipto (Génesis 37-41). Al Mesías que reina es dado el nombre "hijo de David", porque reina en triunfo como hizo el rey David.

En el Talmud, leemos sobre la identidad de la persona de la profecía de Zacarías:

> ¿Qué es lo que causa el duelo mencionado en el último versículo (Zacarías 12:10)? El rabí Dosa y otros rabíes difieren en este punto. Uno explicó que: La causa es la muerte dada al Mesías el hijo de José; y el otro, La causa es la muerte dada

a la inclinación mala. Está bien, según el que sostiene que la causa es la muerte dada al Mesías hijo de José, porque esto está de acuerdo con el versículo de la Escritura, "Mirarán a mí, a quien traspasaron, y llorarán como se llora por hijo unigénito"; pero según el que explica que la causa es el matar la Inclinación Mala, ¿sería esto motivo para el duelo? ¿No sería más bien motivo de regocijo? Entonces, ¿por qué llorar?[6]

El asunto radica en si la causa del duelo de Zacarías 12:10 es la muerte del Mesías, o si es matar la inclinación mala (una frase usada en el judaísmo para describir lo malo en los seres humanos). El rabí concluye que debe ser la muerte del Mesías, porque dar muerte a la mala inclinación sería motivo de gozo y no de duelo. Observando esto juntamente con el punto de vista del rabí Alshech, donde el Mesías hijo de José muere para hacer expiación por la culpa de Israel, vemos que la interpretación de Zacarías 12:10 de los rabíes, es que se refiere a la muerte del Mesías. Aunque este punto de vista es diferente al concepto del Nuevo Testamento de Jesús como el sacrificio en expiación, estas citas demuestran un punto de vista rabínico sobre un Mesías que muere como sacrificio por la culpa de Israel.

Otra cita interesante se encuentra en el Talmud, donde leemos:

> El rabí Yehoshua ben Leví observó la aparente contradicción en los siguientes dos versículos: Escrito está: "He aquí con las nubes del cielo venía uno como un hijo de hombre (Moshaiach/Mesías) (Daniel 7:13). Pero también dice, "Alégrate mucho, hija de Sión; da voces de júbilo, hija de Jerusalén; he aquí tu rey vendrá a ti, justo y salvador, humilde, y cabalgando sobre un asno, sobre un pollino hijo de asna" (Zacarías 9:9) Los versículos pueden ser reconciliados: Si son dignos, Moshiach aparecerá en las nubes. Si no, llegará humilde y montado sobre un asno.[7]

En otras palabras, si el Mesías aparece en gloria o en humillación depende de la condición espiritual de la generación en el momento de su llegada. Otra vez, esto contradice lo que estamos presentando, pero demuestra que el judaísmo rabínico ha buscado explicar la razón por dos cuadros muy diferentes del Mesías: uno como siervo que sufre y uno como rey conquistador.

UN PUNTO DE VISTA ALTERNATIVO

Entonces, ¿hay dos mesías? ¿Depende del estado espiritual de la generación cuando venga el Mesías si aparece en forma humilde o como conquistador? ¿O es que las profecías describen un solo Mesías que llega en dos ocasiones diferentes? Ahora examinaremos este último punto de vista.

Los evangelios del Nuevo Testamento mayormente se concentran en los eventos de la vida de Jesús, y concluyen que El es el Mesías que cumple las profecías. También los autores del Nuevo Testamento enseñan que el mismo Jesús volverá personalmente en una futura fecha desconocida. Así podemos concluir que el Nuevo Testamento enseña dos venidas de un solo Mesías. Esto no es una doctrina casual, sino parte integral del mensaje completo del Nuevo Testamento. Juntamente con varias referencias a la segunda venida en cada evangelio, hay toda una sección en cada evangelio sinóptico dedicada al tema (Mateo 24-25, Marcos 13, Lucas 21). Juan en su evangelio explica el propósito de este evento en las palabras de Jesús:

> Y si me fuere y os preparare lugar, vendré otra vez, y os tomaré a mí mismo, para que donde yo estoy, vosotros también estéis. (Juan 14:3)

La esperanza del regreso del Mesías se enseñaba en las predicaciones de los apóstoles (Hechos 3:19-21, Hechos 17:30-31), y también se enseñaba por todos los autores de las epístolas: Pablo en 1 Tesalonicenses 4:13-5:11, 2 Tesalonicenses 2, Santiago en su carta, 5:1-8, y Pedro en 2 Pedro 2-3; también 1 Juan 3:2 y Judas 14-15. Es el tema de la mayor parte del libro de Apocalipsis. Esta lista de referencias no es exclusiva en cuanto a la segunda venida del Nuevo Testamento, pero demuestra que ha sido una parte integral de la fe cristiana desde el principio. No es una idea inventada para convencer a los judíos que Jesús es el Mesías, mientras vivimos en un mundo lejos de una paz universal. Es una doctrina histórica de creyentes cristianos en toda la era cristiana, y mencionada en los credos de todas las denominaciones tradicionales. También, cada vez que nosotros como cristianos tomamos la santa cena, somos instruidos a recordar la muerte de Jesús *hasta que El venga*.

EL REINO DEL MESÍAS EMPIEZA CON EL JUICIO

Si uno no creyera que el Nuevo Testamento fuera inspirado por Dios, la enseñanza de las dos venidas de Jesús no tendría mucha importancia. Ahora la pregunta es: ¿Las profecías mesiánicas del Tanaj (Antiguo Testamento) hablan de dos venidas del Mesías?

Un hecho interesante que sale del estudio del rabí Arkush sobre las profecías mesiánicas, es que las más importantes tienen que ver con el juicio de Dios sobre la humanidad. Isaías 2:1-4 comparte la gloriosa visión de la palabra de Dios saliendo desde Jerusalén y la resultante paz universal. Pero sigue un pasaje del trato de Dios cuando juzga la arrogancia humana y la idolatría:

> Porque día de Jehová de los ejércitos vendrá sobre (contra) todo soberbio y altivo, sobre todo enaltecido, y será abatido...

> La altivez del hombre será abatida, y la soberbia de los hombres será humillada; y solo Jehová será exaltado en aquel día. Y quitará totalmente los ídolos. Y se meterán en las cavernas de las peñas y en las aberturas de la tierra, por la presencia temible de Jehová, y por el resplandor de su majestad, cuando él se levante para castigar la tierra. Aquel día arrojará el hombre a los topos y murciélagos sus ídolos de plata y sus ídolos de oro, que le hicieron para que adorase, y se meterá en las hendiduras de las rocas y en las cavernas de las peñas, por la presencia formidable de Jehová, y por el resplandor de su majestad, cuando se levante para castigar la tierra. (Isaías 2:12-21)

El cuadro de los impíos escondiéndose de la presencia del Señor "en las cavernas de las peñas y en las aberturas de la tierra" también aparece en Apocalipsis 7:15-17, con la descripción de lo que pasará antes de la segunda venida de Jesús.

En Isaías 11, el mismo que hace que el lobo more con el cordero y que la tierra sea llena del conocimiento de Jehová, también juzgará a la humanidad:

> No juzgará según la vista de sus ojos, ni argüirá por lo que oigan sus oídos; sino que juzgará con justicia a los pobres, y argüirá con equidad por los mansos de la tierra; y herirá la tierra con la vara de su boca, y con el espíritu de sus labios matará al impío. (Isaías 11:3-4)

El versículo en Joel citado por el rabí Arkush claramente habla de la reunión de las naciones para el juicio:

> Reuniré a todas las naciones, y las haré descender al valle de Josafat, y allí entraré en juicio con ellas a causa de mi pueblo, y de Israel mi heredad, a quien ellas esparcieron entre las naciones, y repartieron mi tierra. (Joel 3:2)

Ezequiel 20:33-38 enseña que Israel también tendrá que someterse a juicio antes de poder entrar en el reino mesiánico:

> Vivo yo, dice Jehová el Señor, que con mano fuerte y brazo extendido, y enojo derramado, he de reinar sobre vosotros; y os sacaré de entre los pueblos, y os reuniré de las tierras en que estáis esparcidos, con mano fuerte y brazo extendido, y enojo derramado; y os traeré al desierto de los pueblos, y allí litigaré con vosotros cara a cara. Como litigué con vuestros padres en el desierto de la tierra de Egipto, así litigaré con vosotros, dice Jehová el Señor. Os haré pasar bajo la vara, y os haré entrar en los vínculos del pacto; y apartaré de entre vosotros a los rebeldes, y a los que se rebelaron contra mí; de

la tierra de sus peregrinaciones los sacaré, mas a la tierra de Israel no entrarán; y sabréis que yo soy Jehová.

En esto, los profetas están completamente de acuerdo con el evangelio donde dice que Jesús enseñó que en Su segunda venida, las naciones iban a estar reunidas para el juicio:

> Cuando el Hijo del Hombre venga en su gloria, y todos los santos ángeles con él, entonces se sentará en su trono de gloria, y serán reunidos delante de él todas las naciones; y apartará los unos de los otros, como aparta el pastor las ovejas de los cabritos. Y pondrá las ovejas a su derecha, y los cabritos a su izquierda. (Mateo 25:31-33)

¿CÓMO SE JUZGARÁ LA HUMANIDAD?

Hay acuerdo entre el Antiguo y el Nuevo Testamento sobre la necesidad de un juicio antes de la época de paz y justicia con las naciones unidas bajo el reino del Mesías. Entonces, hay que preguntar "¿Sobre cuál base se hará este juicio?"

La mayor parte del judaísmo moderno enseña que "los justos de todas las naciones tendrán un lugar en el futuro mundo"; entonces, hay que hacer lo mejor que uno pueda, bajo la religión en la cual nació. Los rabíes enseñan que Dios exige que los judíos guarden los 613 mandamientos derivados de la Torá, y que los gentiles guarden las siete leyes de Noé. Un folleto publicado por la organización Lubavitch dice que "Estas siete leyes proveen el mínimo básico para mantener la civilización moral". Son los siguientes:

1. No adorar a ídolos.
2. No blasfemar.
3. No cometer homicidio.
4. No robar.
5. No cometer actos sexuales inmorales.

6. No ser cruel con los animales.
7. Mantener la justicia.[8]

El problema con estas leyes es que la mayoría de los judíos con quienes he hablado, y también con los gentiles, fuera de unos pocos estudiosos del tema, ignoran la existencia de estas leyes. Así que, es difícil entender cómo las personas puedan ser juzgadas bajo este criterio. La idea de que se debe guardar la religión bajo la cual se nazca también presenta algunos problemas. Aunque es cierto que la mayoría de las religiones condena el homicidio, el robo y la inmoralidad sexual, entre las religiones principales del mundo (el catolicismo romano, el hinduismo, el budismo) hay algunas que permiten prácticas que la Biblia clasifica como idolatría. La crueldad a los animales no es cosa importante en el islam, como rápidamente descubre cualquier visitante al Medio Oriente. Entonces, como práctica, es difícil ver como las llamadas siete leyes de Noé puedan servir de base para juzgar a la humanidad, especialmente en vista de que la mayoría de las personas nunca ha oído de ellas.

Jamás he conocido a ningún judío que sienta la obligación de informar a los gentiles que deban guardar las siete leyes de Noé. De hecho, el judaísmo enseña la clase de universalismo que se alinea con la corriente actual de círculos religiosos inter-credos. El rabí Arye Forta, escribiendo en el periódico judío *L'Eylah*, contrasta este pensar con la creencia cristiana que hay un solo camino a la salvación, por Jesucristo:

> El judaísmo no es evangélico, pero eso no es debido a la insularidad o una mirada limitada. El judaísmo no hace proselitismo porque no ve ninguna necesidad de hacerlo. "Los justos de todas las naciones tendrán parte en el mundo que viene", dicen los rabíes. El judío puede decir a la humanidad, "No hay que ser judío para entrar en una relación con Dios; solo hay que vivir una vida justa". El judaísmo define la justicia en términos de las 7 leyes de Noé, y ve estas como la base de una vida moral y espiritual.[9]

Si el rabí tiene razón al decir "Solo hay que vivir una vida justa" para tener parte en el futuro mundo, entonces el Cielo será un lugar vacío, porque la Biblia dice que aun los mejores entre nosotros fallamos en vivir una vida totalmente justa. Como leemos en Eclesiastés 7:20:

Si el rabí tiene razón al decir "Solo hay que vivir una vida justa" para tener parte en el futuro mundo, entonces el Cielo será un lugar vacío, porque la Biblia dice que aun los mejores entre nosotros fallamos en vivir una vida totalmente justa. Como leemos en Eclesiastés 7:20:

> Ciertamente no hay hombre justo en la tierra, que haga el bien y nunca peque.

Nuestros esfuerzos para hacernos justos no son suficientes delante de Dios:

> Si bien todos nosotros somos como suciedad, y todas nuestras justicias como trapo de inmundicia. (Isaías 64:6)

Pablo está de acuerdo con este veredicto y escribe en Romanos 3:10-12, citando el Salmo 14:1-3:

> Como está escrito: No hay justo, ni aun uno; no hay quien entienda. No hay quien busque a Dios. Todos se desviaron, a una se hicieron inútiles; no hay quien haga lo bueno, no hay ni siquiera uno.

Pablo después demuestra que es a través de nuestra identificación con la justicia del Mesías, quien murió en expiación por nuestros pecados, que somos declarados justos y que podemos recibir la vida eterna.

¿SON TODAS LAS RELIGIONES ACEPTABLES A DIOS?

La idea de que todas las religiones son aceptables a Dios concuerda con las enseñanzas de los profetas? ¿Y qué de las antiguas religiones paganas, con sus hechicerías y el sacrificio humano? Algunas de éstas prácticas todavía se ven en algunas partes del mundo hoy, y hay un resurgimiento de ello en naciones occidentales. El Tanaj enseña que "los dioses de las naciones son ídolos" y contrasta la vanidad de la adoración pagana (Isaías 44:9-20) con la gloria del Señor el Redentor, que Israel debe predicar a las naciones:

> Así dice Jehová Rey de Israel, y su Redentor, Jehová de los ejércitos: Yo soy el primero, y yo soy el postrero, y fuera de mí no hay Dios. ¿Y quién proclamará lo venidero, lo declarará, y lo pondrá en orden delante de mí, como hago yo desde que establecí el pueblo antiguo? Anúncienles lo que viene, y lo que está por venir. No temáis, ni os amedrentéis; ¿no te lo hice oír desde la antigüedad, y te lo dije? Luego vosotros sois mis testigos. No hay Dios sino yo. No hay Fuerte; no conozco ninguno. (Isaías 44:6-8)

Según Isaías, la salvación es ofrecida por el Dios de Israel, y no es conseguida por la cantidad de sistemas religiosos contrarios que se contradicen entre sí:

> Mirad a mí, y sed salvos, todos los términos de la tierra, porque yo soy Dios, y no hay más. (Isaías 45:22)

El Dios de Israel tiene un mensaje para toda la humanidad:

> Por mí mismo hice juramento, de mi boca salió palabra en justicia, y no será revocada: Que a mí se doblará toda rodilla, y jurará toda lengua. (Isaías 45:23)

¿Existe algún grupo de personas que busca llevar este mensaje a toda la humanidad hoy? Sí, la Biblia entera ha sido traducida a 405 idiomas, todas las lenguas principales del mundo. El Nuevo Testamento está en 1034 idiomas, y partes de la Biblia en otras 864 lenguas más. Los traductores de la Biblia trabajan fuertemente para traducir la Biblia a las últimas lenguas de minorías en el mundo. Como resultado, hay gente en todo el planeta que mira al Dios de

Abraham, Isaac y Jacob para su salvación, por medio del Mesías de quien profetizaron los profetas antes de Su llegada en carne. Esto ha ocurrido porque los primeros discípulos judíos de Jesús obedecieron Su mandamiento de ir a todo el mundo y predicar el Evangelio (Mateo 28:18-20).

LA EVANGELIZACIÓN MUNDIAL Y LA SEGUNDA VENIDA

¿Qué relación hay entre la evangelización mundial, y la primera y segunda venida del Mesías? El mensaje del Nuevo Testamento es que el Mesías vino la primera vez para llevar los pecados del mundo, ofreciéndose en expiación por toda la humanidad. Por medio de El, judíos y gentiles por igual pueden gozar de las promesas que Dios dio a Israel para reconciliarse con El (Efesios 2:11-18), y unirse a la iglesia de creyentes. En el griego original del Nuevo Testamento, la palabra para iglesia, *ekklesia,* significa "los llamados aparte". En otras palabras, la gente ha sido llamada a separarse del mundo y creer en Jesús como el Mesías. La iglesia nunca significa un edificio u organización religiosa, sino un grupo de personas. El propósito de la verdadera iglesia en esta época es llevar el Evangelio hasta los fines de la tierra, como Jesús enseñó antes de ascender al cielo:

> Toda potestad me es dada en el cielo y en la tierra. Por tanto, id, y haced discípulos a todas las naciones, bautizándolos en el nombre del Padre, y del Hijo, y del Espíritu Santo; enseñándoles que guarden todas las cosas que os he mandado; y he aquí yo estoy con vosotros todos los días, hasta el fin del mundo. (Mateo 28:18-20)

Esto no quiere decir que todos recibirán el mensaje. Las condiciones de la tribulación que Jesús profetizó que ocurrirá en los últimos días indican que la mayoría lo rechazaría. Jesús enseñó que este mensaje causaría división entre los que lo aceptaban y los que no:

> Y ésta es la condenación: que la luz vino al mundo, y los hombres amaron más las tinieblas que la luz, porque sus obras

eran malas. Porque todo aquel que hace lo malo, aborrece la luz y no viene a la luz, para que sus obras no sean reprendidas. Mas el que practica la verdad viene a la luz, para que sea manifiesto que sus obras son hechas en Dios. (Juan 3:19-21)

Los que aceptan al Señor a través del genuino arrepentimiento y fe en El experimentan el "nuevo nacimiento" del cual Jesús compartió con Nicodemo:

> De cierto, de cierto te digo, que el que no naciere de agua y del Espíritu, no puede ver el reino de Dios. (Juan 3:3)

Como resultado de este nuevo nacimiento, el creyente recibe el Espíritu Santo, quien empieza el proceso de la santificación, reproduciendo el carácter del Señor en él:

> Mas el fruto del Espíritu es amor, gozo, paz, paciencia, benignidad, bondad, fe, mansedumbre, templanza. (Gálatas 5:22)

Como el proceso es voluntario, el nivel de cómo mostramos el carácter del Espíritu Santo depende de la medida de nuestro sometimiento a El. También hay que notar que hay multitudes que profesan ser cristianos que nunca han experimentado el "nuevo nacimiento", de modo que realmente no son cristianos y no representan la verdadera iglesia.

Esta época se concluirá, con la segunda venida de Jesucristo, cuando El juzgará la humanidad basado en cómo se había respondido a Su oferta de salvación. Como dicho antes, esta oportunidad para recibir la salvación tiene que haberse presentado a todas las naciones. La iglesia viviente hace esto en su labor de la evangelización. El rechazo de esta invitación por la mayoría de las personas llevará a los días de tribulación con que terminará esta época. Así Jesús contestó la pregunta de Sus discípulos: "¿Qué señal habrá de tu venida, y del fin del siglo?" Respondió hablando de guerras, hambrunas, terremotos, plagas, persecuciones, engaños, finalizando con "gran tribulación, cual no la ha habido desde el principio del mundo hasta ahora, ni la habrá" (Mateo 24:21). Otra vez, esto se alinea perfectamente con las palabras de los profetas que enseñaban sobre la tribulación de los días finales:

> En aquel tiempo se levantará Miguel, el gran príncipe que está de parte de los hijos de tu pueblo; y será tiempo de angustia, cual nunca fue desde que hubo gente hasta entonces; pero en aquel tiempo será libertado tu pueblo, todos los que se hallen escritos en el libro. (Daniel 21:1; también ver Isaías 24, Jeremías 30, Ezequiel 38-39, Zacarías 12-14)

EL TIEMPO ENTRE LAS DOS VENIDAS DEL MESÍAS

Aunque los profetas no indican que iba a haber un tiempo largo entre la primera y la segunda venida del Mesías, esto no debe ser problema para interpretar correctamente el problema de los "dos Mesías". También es entendible que Dios obra así, para permitirnos el libre albedrío para decidir nuestro destino eternal.

Dios habría podido enviar al Redentor inmediatamente después de la entrada del pecado al mundo en Génesis 3, si eso hubiera sido Su plan. De hecho, lo que dijo Eva después del nacimiento de su primer hijo, "Por voluntad de Jehová he adquirido varón" (Génesis 4:1) sugiere que ella puede haber pensado equivocadamente que Caín fuera la prometida "simiente" de la mujer que heriría la cabeza de la serpiente. El Tanaj de Palestina hace una paráfrasis de este versículo: "Y Adán conoció a su mujer, la cual concibió y dio a luz a Caín, y dijo: He obtenido varón, el Ángel del Señor". Esta esperanza terminó cuando Caín mató a su hermano Abel; pero cuando Eva después dio a luz a Set, ella exclamó "Porque Dios (dijo ella) me ha sustituido otro hijo en lugar de Abel, a quien mató Caín" (Génesis 4:25). El comentario de los rabíes sobre esto es: "Eva sugirió que otra simiente saldría de otra fuente . . . el rey Mesías".[10]

Los discípulos de Jesús también fueron impacientes por una solución inmediata para la redención de Israel en el plan de Dios, cuando le preguntaron a Jesús después de la resurrección, "Señor, ¿restaurarás el reino a Israel en este tiempo?" (Hechos 1:6) Entendieron que Jesús había cumplido la obra del Mesías que sufrió. Ahora esperaban que Él inmediatamente cumpliría la obra del Mesías que reina, dando redención nacional a Israel y paz al mundo, cumpliendo Isaías 2:1-4. La respuesta de Jesús no descarta la meta final de establecer el reino mesiánico pronosticado por los profetas, pero indica que la prioridad inmediata para ellos y demás verdaderos seguidores de Jesucristo en este tiempo es predicar el mensaje del Evangelio:

> Pero recibiréis poder, cuando haya venido sobre vosotros el Espíritu Santo, y me seréis testigos en Jerusalén, en toda Judea, en Samaria, y hasta lo último de la tierra. (Hechos 1:8)

Según las mismas palabras de Jesús, la evangelización mundial tiene que acontecer en el tiempo entre Su primera y segunda venida. Entonces, debe haber un período largo, mucho más tiempo de lo que anticipaba la iglesia primitiva, que esperaba el regreso del Señor durante sus vidas. A causa de la triste historia de la iglesia, con épocas de mucha infidelidad al mensaje original del Evangelio, este período de tiempo se ha extendido hasta nuestro día.

El significado de esto es que a pesar de la infidelidad de muchos de la iglesia visible, el mensaje del Evangelio sigue extendiéndose por toda la tierra. El efecto de la evangelización mundial es la única división que tiene importancia eterna. No es la división entre judío y gentil, blanco y negro, hombre y mujer, rico y pobre, sino la división entre los perdidos y los salvos:

> Asimismo el reino de los cielos es semejante a una red, que echada en el mar, recoge de toda clase de peces; y una vez llena, la sacan a la orilla; y sentados, recogen lo bueno en cestas, y lo malo echan fuera. Así será al fin del siglo: saldrán los ángeles, y apartarán a los malos de entre los justos, y los

echarán en el horno de fuego; allí será el lloro y el crujir de dientes. (Mateo 13:47-50)

Los que son salvos reciben nueva vida espiritual, que comienza ahora y sigue por la eternidad. Esta nueva vida se requiere para traer el tiempo de paz y justicia prometido en la época mesiánica. Por eso, es necesario que haya un juicio antes. No puede haber una nueva clase de sociedad sin nueva gente. El pésimo fracaso del comunismo de producir la prometida mejor sociedad es un testimonio claro de ello.

¡JESÚS NO FRACASÓ, NI TAMPOCO FRACASARÁ!

Entonces, la doctrina cristiana de la segunda venida no es que Jesús fracasó la primera vez, y necesitaba volver para hacer otro intento. Este concepto es falso. Jesús cumplió todo exitosamente en Su primera venida, y abrió una fuente para limpiar el pecado de judío y gentil por igual a través de Su sacrificio por las transgresiones de todo el mundo. Cumplió al pie de la letra las profecías mesiánicas. Nació de una virgen (Isaías 7:14) en Belén (Miqueas 5:2). Predicó un mensaje de buenas nuevas a los pobres, liberación para los cautivos del pecado y enfermedades (Isaías 61:1-2). Dio Su vida como sacrificio por los pecados del mundo, murió como transgresor aunque El mismo era sin pecado, oró por los responsables de Su muerte, fue sepultado en el sepulcro de un hombre rico, y resucitó de entre los muertos el tercer día (Salmo 22, Isaías 53, Zacarías 12:10, Salmo 16:8-11).

Todo esto ocurrió antes de la destrucción del Segundo Templo, como dice la profecía en Daniel 9:25-26. La profecía en Daniel dice que "se quitará la vida al Mesías, mas no por sí" (hablando de la muerte de Jesús como sacrificio), y que después "el pueblo de un príncipe que ha de venir (i.e. los romanos) destruirá la ciudad (Jerusalén) y el santuario (el Templo)". Guerras y desolaciones seguirían la caída de Jerusalén. Como visto en el capítulo anterior, es una profecía específica que demuestra que la primera venida del Mesías es seguida por la destrucción del Templo, guerras y tribulación. Esto enfrenta el argumento que dice que Jesús no puede ser el Mesías porque no cumplió la idea de que el Mesías, en su llegada, haría volver el pueblo judío a Israel, reconstruir el Templo, y haría una época de paz mundial. Jesús tampoco fracasará en Su segunda venida. En eso, se cumplirán las profecías que quedaron pendientes. Vendrá en las nubes del cielo (Daniel 7:13, Marcos 14:62), todo ojo lo verá (Zacarías 12:10, Apocalipsis 1:7). Vendrá con los santos (Zacarías 14:5, Apocalipsis 19:14). Volverá a la tierra en el monte de los Olivos, justo fuera de Jerusalén (Zacarías 14:4, Hechos 1:11). Pondrá fin al conflicto mundial rugiendo contra Jerusalén y amenazando al mundo con el holocausto final (Zacarías 12-14, Apocalipsis 16-19). Destruirá el sistema babilónico mundial que había causado toda la corrupción e impiedad en la tierra (Jeremías 51, Apocalipsis 18). Establecerá un reino justo en Jerusalén, trayendo paz y justicia a las naciones del mundo (Isaías 2:1-4, Apocalipsis 20:4-6). Después del milenio (el reino del Mesías de mil años), el mundo terminará con una última rebelión satánica contra el Señor, después de la cual Dios creará nuevos cielos y nueva tierra que durará por toda la eternidad (Isaías 66:22-24, Apocalipsis 20:7-15; 21).

A MÍ ME MANDÓ JEHOVÁ EN AQUEL TIEMPO QUE OS ENSEÑASE LOS ESTATUTOS Y JUICIOS, PARA QUE LOS PUSIESEIS POR OBRA EN LA TIERRA A LA CUAL PASÁIS A TOMAR POSESIÓN DE ELLA. (DEUTERONOMIO 4:14) —MOISÉS

CAPÍTULO 11

¿ES LA TORÁ EL PUENTE A DIOS?

Bueno, Jesús puede ser el Salvador de los cristianos, si así ustedes lo desean; pero nosotros los judíos tenemos nuestro propio camino a Dios. ¡Ustedes van por un intermediario, pero nosotros vamos directo al jefe!" Esta respuesta es la más común frente a los argumentos que hemos presentado en este libro. Para el judaísmo, no hay necesidad de tener un mediador, porque creen que Dios se revela directamente a Israel a través de la Torá.[1] El rabí Emanuel Feldman explica:

> La Torá es el puente misterioso que conecta al judío con Dios, a través del cual interactúan y se comunican; y es el medio que Dios usa para cumplir Su pacto con Su pueblo para sostenerlo y protegerlo.[2]

En su artículo, el rabí Shraga Simmons describe este "misterioso puente" y cómo esto afecta al pueblo judío. Dice:

- En el monte de Sinaí donde se dio la Torá, la nación judía entera—3 millones de hombres, mujeres e hijos—"experimentaron directamente la revelación divina".

- Juntamente con la Torá escrita, Dios dio la Torá oral, que de hecho precede la Torá escrita.
- La Torá es el camino a la auto-perfección; y el aprendizaje de la noche entera de la Torá en la fiesta de Shavuot se llama Tikkun Leil Shavuot, significando "un acto de auto-perfección en la noche de Shavuot".[3]

¿REVELACIÓN DIRECTA O MEDIACIÓN DIVINA?

Es cierto que toda la nación judía "experimenta directamente la revelación divina?" El rabí Simmons toma esta idea de los siguientes versículos de Deuteronomio:

> Y habló Jehová con vosotros de en medio del fuego; oísteis la voz de sus palabras, mas a excepción de oír la voz, ninguna figura visteis. Y él os anunció su pacto, el cual os mandó poner por obra; los diez mandamientos, y los escribió en dos tablas de piedra. (Deuteronomio 4:12-13)

Sin embargo, el versículo que sigue demuestra que Moisés era el mediador por quien Dios dio la Torá a Israel:

> A mí también me mandó Jehová en aquel tiempo que os enseñase los estatutos y juicios, para que los pusieseis por obra en la tierra a la cual pasáis a tomar posesión de ella. (Deuteronomio 4:14)

Esta sección de Deuteronomio hace el recuento de los eventos que tomaron lugar en el Sinaí cuarenta años antes, como un repaso para la generación que sobrevivió estos años andando en el desierto y que ya estaban próximos a entrar en la tierra prometida.

Éxodo explica cómo se dio la Torá al pueblo que había salido de Egipto, enfatizando que tenían que separarse del monte de Sinaí, y también el encuentro de Moisés con Dios:

Y Moisés sacó del campamento al pueblo para recibir a Dios; y se detuvieron al pie del monte . . . Y descendió Jehová sobre el monte Sinaí, sobre la cumbre del monte; y llamó Jehová a Moisés a la cumbre del monte, y Moisés subió. Y Jehová dijo a Moisés: Desciende, ordena al pueblo que no traspase los límites para ver a Jehová, porque caerá multitud de ellos. Y también que se santifiquen los sacerdotes que se acercan a Jehová, para que Jehová no haga en ellos estrago. (Éxodo 19:17-22)

Todo el pueblo observaba el estruendo y los relámpagos, y el sonido de la bocina, y el monte que humeaba; y viéndolo el pueblo, temblaron, y se pusieron de lejos. Y dijeron a Moisés: Habla tú con nosotros, y nosotros oiremos; pero no hable Dios con nosotros, para que no muramos. (Éxodo 20:18-19)

Estos pasajes demuestran que la presentación de los mandamientos de Dios no llegó directamente a las tres millones de personas de Israel, sino a través de Moisés, el mediador escogido. En realidad, lejos de venir directamente desde *"el jefe"*, Dios les negó acceso a Su presencia a todos menos a unos pocos hombres escogidos y santificados. Moisés en particular actuó como mediador por quien Dios habló al resto del pueblo.

¿QUÉ DE LA TORÁ ORAL?

El rabí Simmons escribe:

La Torá oral no es una interpretación de la Torá escrita. De hecho, la Torá oral precedió la Torá escrita. Cuando el pueblo judío paró frente al monte de Sinaí hace 3.300 años, Dios comunicó los 613 mandamientos, juntamente con una explicación detallada y práctica de cómo cumplirlos. En ese punto de tiempo, las enseñanzas eran orales en su totalidad. No fue hasta 40 años después, justo antes de la muerte de

Moisés y la entrada del pueblo judío a la tierra de Israel, que Moisés escribió el rollo de la Torá escrita (conocido como los Cinco Libros de Moisés) y lo dio al pueblo judío.[4]

El rabí Simmons dice que Dios le dio a Moisés la Torá oral en Sinaí. Esta precedió la Torá escrita, y explicó cómo guardar la ley. No fue escrita sino transmitida por Dios a Moisés oralmente; después desde Moisés a Josué, y posteriormente pasada de boca a boca de una generación a otra, de maestro a estudiante, en una cadena, según dicen, sin interrupción desde Moisés. El Talmud dice:

> Moisés recibió la ley (oral) en el Sinaí y la transmitió a Josué; Josué a los ancianos (jueces), los ancianos a los profetas, y los profetas a la Gran Sinagoga (los escribas del tiempo de Esdras). (Tractate Avot 10:1)

El proceso de escribir todo esto empezó alrededor del año 200 D.C., con la obra del rabí Judá Hanasi. Con la pérdida de una autoridad central, después de la dispersión del pueblo judío, temió que estos escritos se perderían, entonces él fue de rabí a rabí, escribiendo lo que ellos recordaban de las tradiciones orales. Reunió estos escritos, los editó, y el resultado fue la Mishná (repetición). Un comentario sobre la Mishná llamado Gemara fue añadido; y el compendio completo se conoce como el Talmud de Jerusalén, terminado cerca al año 350. Alrededor del año 500, otros escritos se compilaron en el Talmud de Babilonia.

El rabí Aryeh Kaplan escribió sobre el tema:

> De muchas maneras, la Torá oral es más importante que la Torá escrita. Es el fundamento de nuestra fe para creer que Dios le dio a Moisés una explicación oral de la Torá juntamente con el texto por escrito.[5] (Énfasis Pearce)

El Talmud dice que la Torá oral tiene autoridad a la par con la ley escrita, o aun más importancia, como se ve en esta cita:

El Santo Ser, bendito sea El, no hizo Su pacto con Israel aparte de la virtud de la Ley Oral.[6] (Gittin 60B)

Si fuera así, deberíamos esperar encontrar una referencia al hecho en la Torá escrita. ¿Hay evidencia en la Biblia de la existencia de una Torá oral desde el tiempo de Moisés y que fue utilizada para interpretar la Torá escrita durante el tiempo de Israel en la Biblia?

Si miramos al texto, encontramos un número de pasajes en la Biblia que se refieren a palabras *escritas y leídas* a Israel, pero ninguno que comente de pasajes orales o no escritos. Consideremos lo siguiente:

> Y Moisés escribió *todas las palabras de Jehová* . . . Y tomó el libro del pacto y lo leyó a oídos del pueblo, el cual dijo: Haremos todas las cosas que Jehová ha dicho, y obedeceremos.(Éxodo 24:4, 7; énfasis Pearce; ver también Éxodo 3:27)

Al final del libro de Deuteronomio, leemos que Moisés escribió las palabras de la ley y las puso en el arca del pacto, pero no encontramos ninguna referencia a una Torá oral.

> Y cuando acabó *Moisés de escribir las palabras de esta ley en un libro* hasta concluirse, dio órdenes Moisés a los levitas que llevaban el arca del pacto de Jehová, diciendo: Tomad este libro de la ley, y ponedlo al lado del arca del pacto de Jehová vuestro Dios, y esté allí por testigo contra ti. (Deuteronomio 31:24-26, énfasis Pearce)

El libro de Josué nos dice que Josué (a quien dicen que Moisés comunicó la Torá oral) tenía la palabra escrita que leyó al pueblo de Israel cuando entró en la tierra. Esta palabra escrita contiene todo lo que Moisés le había encomendado:

> Después de esto, leyó *todas las palabras de la ley*, las bendiciones y las maldiciones, *conforme a todo lo que esta*

escrito en el libro de la ley. *No hubo palabra alguna de todo cuanto mandó Moisés, que Josué no hiciese leer delante de toda la congregación de Israel, y de las mujeres, de los niños, y de los extranjeros que moraban entre ellos.* (Josué 8:34-35, énfasis Pearce)

Si Josué leyó todas las palabras de la ley, sin dejar fuera ninguna palabra de lo que Moisés había mandado, ¿dónde queda la Torá oral? Ninguno de estos versículos de los libros de la Torá o del libro de Josué habla de una Torá oral que precede la Torá escrita, dada por Dios en el monte de Sinaí. Vez tras vez leemos en el Tanaj de *lo que está escrito* en la ley de Moisés. La ley escrita fue la base del pacto de Dios con Israel. La obediencia a los mandamientos escritos en la ley resultaría en las bendiciones de Dios sobre Israel, y la desobediencia resultaría en Su juicio. Los siguientes versículos del Tanaj confirman eso: Éxodo 24:4-12, Levítico 26:46, Números 36:13, Deuteronomio 17:18-20, 27:2-26, 28:52-62, 29:20-29, 30:8-10, 31:9-13, 24-26, Josué 1:7-8, 8:31-35, 23:6, 1 Reyes 2:1-4, 2 Reyes 22:13-16, 23:2-3, 21-25, 1 Crónicas 16:39-40, 2 Crónicas 23:18, 30:5-16, 31:3, 35:12, Esdras 7:1-10, Nehemías 8:1-18, 10:28-29, y Daniel 9:3-13. Ninguno de estos pasajes, ni tampoco el resto de la Biblia, mencionan una Torá oral.

El Dr. Daniel Grubner escribe:

> Si existe una ley oral dada por Dios a Moisés, él no la menciona ni tampoco Josué, Esdras u otra persona de la Biblia. Si fuera a existir, no sería parte del pacto de Dios con Israel. Tampoco tendría relevancia en cuanto a las bendiciones o juicios de Dios.
>
> Ningún profeta, sacerdote o rey menciona eso ni demuestra alguna inquietud de conocerlo u obedecerlo. No tenía que ver con la dirección o la adoración de Israel. Tampoco tenía ninguna parte en la instrucción al pueblo o a sus hijos.

¿Es la Torá el puente a Dios?

En otras palabras, basado en lo que está escrito en el Tanaj, no había ninguna ley oral dada por Dios a Moisés en el monte de Sinaí.[7]

Entonces, ¿de dónde vino la Torá oral? En el período después del regreso de los judíos de Babilonia, se entendía que la cautividad babilónica vino porque la gente no había guardado las leyes de la Torá. Para evitar que esto fuera a pasar de nuevo, se decidió *poner una cerca alrededor de la Torá*, poniendo en práctica leyes adicionales para prevenir que el pueblo violara la Torá inconscientemente. Se justificaba añadir estas leyes bajo el mandato de la Torá de "poner una cerca alrededor de la Torá" (Aboth 1:1).

¿Por qué la Torá necesitaba esto? El rabí Dr. Epstein explica:

> La Torá se ve como un jardín y sus preceptos plantas preciosas. Tal jardín tiene alrededor una cerca con el propósito de evitar daños voluntarios o involuntarios. De igual manera, los preceptos de la Torá debían tener una "cerca" alrededor con restricciones adicionales con el propósito de proteger los mandamientos originales de invasión ajena.[8]

Esta explicación se refuerza en diferentes partes del Talmud (i.e. que "Los rabíes alzaron una protección para la ley escrita").[9]

En otras palabras, estas leyes fueron añadidas a las leyes originales para asegurar que el pueblo de Israel no las rompiera involuntariamente. Entonces, el Talmud añade un gran número de mandamientos a los de la Torá. Sobre el tema del Sabbat, el rabí Gil Student escribe:

> ¿Qué quiere decir la Torá cuando ella (Éxodo 20:10) prohíbe "trabajar" en el Sabbat? ¿Cuáles labores son prohibidas y cuáles no? Sin una explicación oral de los detalles del trabajo prohibido, es imposible saber qué quiere decir la Torá.[10]

Para explicar lo que se considera ser "trabajo" relacionado con el Sabbat, el Talmud ha hecho 39 clases de trabajo:

> Sembrar, arar, segar, atar manojos, trillar, aventar, limpiar cosechas, moler, cribar, amasar, hornear, esquilar lana, lavar o golpear o teñirla, hilar, tejer, hacer nudos, tejer dos hilos, separar dos hilos, anudar (hacer nudo), soltar (un nudo), coser dos hilos, rasgar para coser dos puntadas, cazar una gacela, matar o desollar o salarla, curtir la piel, raspar o cortarla, escribir dos cartas, borrar para escribir dos cartas, edificar, tumbar, apagar un fuego, prender fuego, golpear con martillo, y sacar algo de un domicilio a otro.[11]

Hay hasta 1500 leyes sobre solo el Sabbat en el Talmud, con más de 300 páginas de difíciles y complejos razonamientos. Porque el individuo promedio no tiene ni tiempo ni la habilidad para leer todo este material, tiene que depender de los rabíes para decidir lo que se puede hacer o no hacer en el Sabbat. Aplicando estas leyes a la vida moderna, en el Sabbat es prohibido prender una luz eléctrica o usar cualquier otro aparato eléctrico, usar el transporte público, manejar carro, apretar un botón en cruces de transeúntes, empujar carrito de inválido o coche de bebé fuera de la casa. También hay instrucciones sobre la clase de cepillo que puede utilizarse con el cabello para evitar arrancar un pelo, si se puede comer la comida en una nevera si la luz se prende al abrir la puerta, y una multitud de otras posibilidades derivadas de las enseñanzas del Talmud.

Josefo, el historiador judío más importante del primer siglo, describió las costumbres y las creencias de los fariseos; y nos da una idea sobre el origen de estas enseñanzas.

> Los fariseos habían transmitido a la gente ciertos reglamentos *recibidos de generaciones anteriores y no escritos en la Ley de Moisés*. Por esta razón, los saduceos los rechazan, y dicen que debemos aplicar las reglas obligatorias que están en la palabra escrita, pero no obedecer las que son derivadas de la tradición de nuestros antepasados.[12] (Énfasis Pearce)

¿Es la Torá el puente a Dios?

Es interesante que una expresión parecida, "tradición de los ancianos" se utiliza en el Nuevo Testamento para describir la tradición oral de los fariseos, que Jesús negó tener alguna autoridad de Dios (Marcos 7:3, 5, Mateo 15:2).

El profesor Albert Baumgarten escribió:

> La declaración de que las tradiciones de los fariseos eran de gran antigüedad fue refutado en el primer siglo por los saduceos, miembros de la comunidad qumrán y los cristianos. Los fariseos probablemente inventaron la idea de que sus tradiciones fueran antiguos para animar a los judíos contemporáneos unirse a su grupo.[13]

Entonces, ¿cómo surgió la Torá oral? En el tercer siglo y el segundo A.C., los escribas y fariseos empezaron a desarrollar tradiciones de cómo interpretar y aplicar la Torá, añadiendo leyes a las escritas. Estas fueron pasadas a las siguientes generaciones; y llegaron a conocerse como "las tradiciones de los ancianos". Con el paso del tiempo, los fariseos se proclamaron ser los verdaderos representantes del judaísmo; y empezaron a decir que estas tradiciones venían desde Moisés, y no de los siglos tres y dos A.C. Esto dio lugar a la idea de una Torá oral inspirada y dada a Moisés en el monte Sinaí, aunque no hay ninguna justificación de esto en las Escrituras o en la historia.

Después de la destrucción del Templo, los saduceos, como grupo de sacerdotes, dejaron de tener un propósito. Los fariseos llegaron a ser los que preservaron el judaísmo. Reemplazaron la adoración en el Templo con sus propias enseñanzas, que formaron la base del judaísmo moderno. Estas enseñanzas fueron escritas en el Talmud y dadas como autoridad divina por los rabíes de ese entonces.

Entonces el Talmud llega a igualar o ser superior a la Palabra de Dios, la Biblia. Si el Talmud es el resumen de la Torá oral, supuestamente dada por Dios a Moisés (i.e. igual a la Palabra de Dios), es algo que considerar. Pero si no es así, entonces hay un problema. Quiere decir que la enseñanza y tradición humana son más importantes que la Palabra de Dios, y afecta su significado.

Una vez, un judío ortodoxo me dijo, "Nuestra religión es noventa por ciento Talmud y diez por ciento Tanaj".

Lo repetí a otro judío ortodoxo, que dijo, "Está equivocado. ¡Noventa por ciento es demasiado bajo para el Talmud!" El resultado del énfasis en el Talmud es que el pueblo judío tiende a no leer mucho la Biblia ni buscar a Dios para entender su significado. En la época cuando yo trabajaba como profesor en la Hasmonean School, un día durante la hora del almuerzo, leía mi Biblia en Isaías. Un niño ortodoxo entró, y al ver lo que yo hacía, se sorprendió mucho. "Nosotros nunca nos sentaríamos así para leer la Biblia. Hay que leerla con comentarios, porque de otro modo, uno no la puede entender".

¿DÓNDE CABE EL NUEVO PACTO?

Durante el tiempo del Nuevo Testamento, no había ninguna ley oral escrita. Sin embargo, "las tradiciones de los padres" enseñadas por los fariseos fueron muy visibles. Jesús advirtió a Sus discípulos "Mirad, guardaos de la levadura de los fariseos" (Mateo 16:6). Referente a los escribas y fariseos de Su día, Jesús dijo, "Porque atan cargas pesadas y difíciles de llevar, y las ponen sobre los hombros de los hombres" (Mateo 23:4).

En Marcos 7:6-9, Jesús citó Isaías 29:13 sobre este punto:

> Este pueblo de labios me honra, mas su corazón está lejos de mí. Pues en vano me honran, enseñando como doctrinas mandamientos de hombres. Porque dejando el mandamiento de Dios, os aferráis a la tradición de los hombres: los lavamientos de los jarros y de los vasos de beber; y hacéis otras muchas cosas semejantes. Les decía también: Bien invalidáis el mandamiento de Dios para guardar vuestra tradición.

¿Es la Torá el puente a Dios?

Está diciendo que las leyes añadidas para "hacer cerca alrededor de la Torá" no fueron dadas por Dios a Moisés en el Sinaí, y que solamente son "mandamientos de hombres" y no deben ser considerados como "mandamientos de Dios".

Es interesante que los judíos karaite, que observan la Torá escrita pero niegan la validez de la Torá oral, utilizan el mismo versículo de Isaías 29:13 para justificar su rechazo del Talmud. Notemos que los versículos anteriores a Isaías 29:13 profetizan un tiempo cuando la ceguera espiritual llegaría a Israel para sellar las palabras del libro:

> Deteneos y maravillaos; ofuscaos y cegaos; embriagaos, y no de vino; tambalead, y no de sidra. Porque Jehová derramó sobre vosotros espíritu de sueño, y cerró los ojos de vuestros profetas, y puso velo sobre las cabezas de vuestros videntes. Y os será toda visión como palabras de libro sellado, el cual si dieren al que sabe leer, y le dijeren: Lee ahora esto; él dirá: No puedo, porque está sellado. (Isaías 29:9-11)

En otras palabras, algo pasará causando ceguera espiritual y sueño sobre Israel, haciendo que las palabras del libro (la Biblia, especialmente esta palabra profética) como un libro sellado que no puede entenderse. ¿Esto pasa a causa de las leyes añadidas y las interpretaciones del Talmud diciendo que únicamente los rabíes tienen la autoridad de interpretar las Escrituras?

Pablo escribió a los corintios:

> Pero el entendimiento de ellos se embotó; porque hasta el día de hoy, cuando leen el antiguo pacto, les queda el mismo velo no descubierto, el cual por Cristo es quitado. Y aun hasta el día de hoy, cuando se lee a Moisés, el velo está puesto sobre el corazón de ellos. (2 Corintios 3:14-15)

Lo que dice Pablo aquí es que las palabras de la Biblia en hebreo señalan a Yeshúa, Jesús, como el prometido Mesías. Sin embargo, la regla mayoritaria de los rabíes es que Jesús no es el Mesías; y que los judíos no deben considerar ninguna opinión que sugiriera eso.

Mientras los judíos se sometan a esta regla, el "velo" seguirá en sus corazones, y no podrán ver a Jesús en las Escrituras. Cuando ellos lleguen al Señor con arrepentimiento y fe en Jesús como el Mesías, este velo se les quitará. Desde el punto de vista del creyente en Cristo, las escrituras del Talmud forman un velo que enceguece al pueblo judío sobre la verdad del Evangelio.

Según el judaísmo rabínico, la ley oral se necesita para entender la ley escrita. Entonces, la Torá por sí sola es insuficiente para la práctica de la gente. Realmente hay una verdad que la Torá necesita añadir otro libro. Por si solo, hay asuntos en la Torá que no pueden resolverse.

Desde la caída del Segundo Templo y la dispersión del pueblo judío, muchos de los mandamientos en la Torá escrita han llegado a ser imposibles observar. Todos los mandamientos del tabernáculo, el sacerdocio, y los sacrificios no pueden guardarse hoy. Esto afecta gran parte del texto de la Torá, incluyendo buena parte de Éxodo 26-40 y Levítico 1-10. Hoy en día, las instrucciones para las fiestas (Levítico 16-17, 23) solo se practican en parte por los judíos ortodoxos, dada la falta del tabernáculo, Templo, sacerdocio y sacrificios.

Los rabíes reconocen este hecho. El rabí Kaplan, en su libro *The Handbook of Jewish Thought* (*El manual del pensamiento judío*), dice:

> Hay una tradición que Dios incluyó los 613 mandamientos en la Torá. De estos, 248 son positivos, y 365 negativos. Sin embargo, muchos de estos mandamientos tratan de las leyes sobre lo limpio y los sacrificios, y así solamente vigentes cuando el Santo Templo existía en Jerusalén. Entonces, de todos los mandamientos, hoy en día solamente 369 se aplican. De estos, 126 son positivos, y 243 negativos. Sin embargo, aun éstos muchos solo pertenecen a casos o circunstancias especiales. El número total de mandamientos que se aplican a todos bajo toda condición son 270. De éstos, 48 son positivos, con 222 negativos.[14]

¿Es la Torá el puente a Dios?

De modo que, de los 613 mandamientos de la Torá, el rabí Kaplan reconoce que solo 270 sirven hoy.

Después de la destrucción del Templo en 70 A.C., el rabí Yohanan ben Zakkai estableció la academia en Yavneh, donde estableció cómo preservar el judaísmo sin sacrificios, el sacerdocio o templo, diciendo en efecto que las buenas obras reemplazan los sacrificios de la Torá como medio de expiación por el pecado. Los judíos críticos del cristianismo dicen en forma acusatoria que los cristianos (especialmente Pablo) cambiaron la Torá. También hizo así Yohanan ben Zakkai. De hecho, el judaísmo resolvió el problema causado por la destrucción del Templo, por medio de un cambio a la Torá. En realidad una nueva religión surgió como comentario judío sobre la obra de ben Zakkai:

> El judaísmo no desapareció (con la destrucción del Templo). Lo que hizo fue transformarse. De una religión centrada en el Templo, el sacerdocio y el sacrificio, llegó a ser una religión centrada en el estudio de la Torá, oración en la casa y la sinagoga, y *temilut hasadim* (actos de bondad amorosa). Desde el punto de vista histórico se puede decir acertadamente que *el judaísmo bíblico y rabínico son dos religiones relacionadas pero distintas*. Fue el rabí Yohanan be Zakkai por encima de alguien más que hizo posible esto.[15] (Énfasis Pearce)

Actualmente, los judíos ortodoxos guardan celosamente todos los aspectos de la Torá que les sean posibles—regulaciones sobre la comida kosher, guardar el Sabbat, ritos de limpieza, fiestas y días santos. Añaden numerosas leyes sobre los temas encontrados en el Talmud. Pero esto no contesta la pregunta de por qué Dios ha permitido el paso de más de 1900 años en los que ha sido imposible guardar muchos aspectos de la Torá.

En vista de lo imposible que se ha convertido ahora guardar literalmente buena parte de la Torá escrita, los judíos tradicionales necesitan las interpretaciones de los rabíes del Talmud, los códigos de la ley y las tradiciones para saber cómo conducirse. La alternativa a ese proceder es reconocer que necesitamos el Espíritu Santo, dado por el Mesías, para mostrarnos cómo guardar los mandamientos de Dios. No es una coincidencia que cuarenta años antes de la destrucción del Templo y cómo guardar muchas leyes de la Torá, Jesús el Mesías ofreció Su propia sangre para introducir el nuevo pacto, que suprimiría la necesidad de sacrificios y el sacerdocio levítico. También profetizó que el pueblo judío estaría esparcido entre las naciones después de la destrucción del Templo. Como mucho de la Torá habla de Israel viviendo en la tierra durante el tiempo del Templo/Tabernáculo, en una sociedad bastante agrícola, con su destrucción y el esparcimiento de la gente, buena parte de la Torá ya no se podía guardar. Las enseñanzas de Jesús, al contrario, nos dan mandamientos universales que pueden ser guardados por las personas, no importa en qué parte del mundo se encuentren.

El conferencista y evangelista que ministra al pueblo judío, Arnold Fruchtenbaum, ha escrito:

> La enseñanza clara del Nuevo Testamento es que la ley de Moisés ha sido hecha inoperante por la muerte del Mesías. En otras palabras, la ley en su totalidad ya no tiene autoridad sobre ningún individuo. Primero, esto es evidente de Romanos 10:4, "Porque el fin de la ley es Cristo, para justicia a todo aquel que cree". Claramente, Cristo es el fin de la ley, que incluye todos los 613 mandamientos; así que la ley ha dejado de funcionar. No hay ninguna justificación por ella.
>
> En Gálatas 2:16 leemos, "sabiendo que el hombre no es justificado por las obras de la ley, sino por la fe de Jesucristo, nosotros también hemos creído en Jesucristo, para ser justificados por la fe de Cristo y no por las obras de la ley, por cuanto por las obras de la ley nadie será justificado."
>
> Entonces, debe ser muy evidente que la ley ha llegado a su fin en el Mesías, y que no puede funcionar para la justificación o santificación. Para el creyente en particular ha sido hecho

inoperante. Los demás versículos, también, demuestran que la ley ha dejado de funcionar para todos . . .

La ley de Moisés ha sido anulada, y ahora estamos bajo una nueva ley. Esta nueva ley se llama: *la ley de Cristo* en Gálatas 6:2, y *la ley del Espíritu de vida* en Romanos 8:2. Esta es una nueva ley, totalmente separada de la ley de Moisés.[16]

Como ya vimos en el capítulo nueve de este libro, Jeremías profetizó un nuevo pacto que sería diferente del pacto con Moisés y que la reemplazaría:

> He aquí que vienen días, dice Jehová, en los cuales haré nuevo pacto con la casa de Israel y con la casa de Judá. No como el pacto que hice con sus padres el día que tomé su mano para sacarlos de la tierra de Egipto; porque ellos invalidaron mi pacto, aunque fui yo un marido para ellos, dice Jehová. Pero éste es el pacto que haré con la casa después de estos días, dice Jehová: Daré mi ley en su mente, y la escribiré en su corazón; y yo seré a ellos por Dios, y ellos me serán por pueblo. Y no enseñará más ninguno a su prójimo, ni ninguno a su hermano, diciendo: Conoce a Jehová; porque todos me conocerán, desde el más pequeño de ellos hasta el más grande, dice Jehová; porque perdonaré la maldad de ellos, y no me acordaré más de su pecado. (Jeremías 31:31-34)

Citando este pasaje en Hebreos 8, el autor concluye:

> Al decir: Nuevo pacto, ha dado por viejo al primero; y lo que se da por viejo y se envejece, está próximo a desaparecer. (Hebreos 8:13)

El nuevo pacto, que es la ley de Cristo, de la cual escribe Arnold Fruchtenbaum, tiene muchas semejanzas a la ley de Moisés, porque ambos fueron dados por el mismo Dios. En el sermón de monte

(Mateo 5-7), Jesús dice, "No penséis que he venido para abrogar la ley o los profetas; no he venido para abrogar, sino para cumplir" (Mateo 5:17).

El tomó los mandamientos de la Torá y habló de la necesidad de tratar con las actitudes interiores que causan las acciones malas. No solo es no cometer homicidio, sino que no debemos airarnos sin causa y buscar la más pronta reconciliación con las personas cuando hay algún desacuerdo. No es solo no cometer el adulterio, sino que no debemos mirar a una mujer con lujuria. Debemos amar a nuestros enemigos y orar por los que nos odian (Mateo 5:21-48). Les dijo a Sus discípulos:

> Vosotros sois la luz del mundo; una ciudad asentada sobre un monte no se puede esconder . . . Así alumbre vuestra luz delante de los hombres, para que vean vuestras buenas obras, y glorifiquen a vuestro Padre que está en los cielos. (Mateo 5:14,16)

Encontramos que los diez mandamientos están repetidos en el Nuevo Testamento:

> No debáis a nadie nada, sino el amaros unos a otros; porque el que ama al prójimo, ha cumplido la ley. Porque: No adulterarás, no matarás, no hurtarás, no dirás falso testimonio, no codiciarás, y cualquier otro mandamiento, en esta sentencia se resume: Amarás a tu prójimo como a ti mismo. El amor no hace mal al prójimo; así que el cumplimiento de la ley es el amor. (Romanos 13:8-10)

Cuando miramos el Nuevo Testamento, encontramos que la adoración a Dios se menciona cincuenta veces, la idolatría se menciona doce veces, jurar cuatro veces, honrar al padre y a la madre seis veces, el adulterio doce veces, y no codiciar nueve veces.

El libro de Hebreos en el Nuevo Testamento demuestra cómo el lado ceremonial de la Torá (el sacerdocio, el tabernáculo y los sacrificios) se cumple en Jesucristo, el Mesías (ver Hebreos 7-10).

¿Es la Torá el puente a Dios?

El es el sumo sacerdote que ha hecho el sacrificio final por el pecado a través del derramamiento de Su sangre, acepto por Dios. Como dice el autor de Hebreos:

> Y casi todo es purificado, según la ley, con sangre; y sin derramamiento de sangre no se hace remisión. (Hebreos 9:22)

Las cosas del tabernáculo y también las vestiduras del sumo sacerdote señalan a Jesús (ver Hebreos 7-10). De hecho, en eso el cristianismo bíblico puede considerarse más en línea con las enseñanzas de la Torá que el judaísmo moderno, que reemplaza los sacrificios por el pecado con oración y buenas obras.

El sacrificio del Señor Jesús por los pecados del mundo trata con el problema fundamental, que la Torá explica. Dios es santo y separado de los seres humanos porque la raza humana es pecaminosa. Así, Dios no puede tener comunión con ellos. Bajo la Torá, leemos cómo Dios proveyó una solución temporal al problema. Levítico 16 explica cómo fue provisto la expiación por los pecados del pueblo de Israel en el Yom Kiper, día de la expiación. Si seguimos este pasaje, vemos claramente que Dios requiere un mediador para poderse relacionar con Su pueblo. En este caso, es el sumo sacerdote quien primero tiene que hacer sacrificios por sus propios pecados antes de entrar en el Lugar Santísimo, para ofrecer el requerido sacrificio por los pecados del pueblo.

Todo este proceso ahora se ha reemplazado por el sacrificio del Señor Jesucristo, como explica el libro de Hebreos:

> Pero estando ya presente Cristo, sumo sacerdote de los bienes venideros por el más amplio y más perfecto tabernáculo, no hecho de manos, es decir, no de esta creación, y no por la sangre de machos cabríos ni de becerros, sino por su propia sangre, entró una vez para siempre en el Lugar Santísimo, habiendo obtenido eterna redención. Porque si la sangre de los toros y de los machos cabríos, y las cenizas de la becerra rociadas a los inmundos, santifican para la purificación de

la carne, ¿cuánto más la sangre de Cristo, el cual mediante el Espíritu eterno se ofreció a si mismo sin mancha a Dios, limpiará vuestras conciencias de obras muertas para que sirváis al Dios vivo? Así que, por eso es mediador de un nuevo pacto, para que interviniendo muerte para la remisión de las transgresiones que había bajo el primer pacto, los llamados reciban la promesa de la herencia eterna. (Hebreos 9:11-15)

De esta manera, el nuevo pacto sellado con la sangre del Mesías ha reemplazado el antiguo pacto dado a Moisés.

También encontramos en la Torá un número de leyes civiles que se aplican a crímenes, castigos, agricultura, guerras etc. Poner en acción estas leyes civiles exige que los judíos sea un pueblo viviendo en la tierra de Israel con su propio gobierno. Durante el tiempo de la Diáspora cuando el pueblo judío vivía como minoría en países foráneos, no era posible hacer leyes vigentes para sí. Podrían guardar los aspectos de la Torá que les eran permitidos en sus comunidades. Éstos incluían la circuncisión, guardar el Sabbat, y las leyes de la comida Kosher, que actualmente también son claves para el judaísmo moderno y las cosas que definen la comunidad judía.

Si no podemos guardar los mandamientos de Dios, nos encontramos bajo condenación. La Biblia nos muestra que nuestra falta de guardar los mandamientos de Dios causa una brecha que nos separa de Dios. La Biblia también nos muestra que necesitamos un mediador para hacer puente que cierre esta división. Por eso Dios prometió que haría un nuevo pacto con la casa de Israel, no porque encontró falta en el antiguo, sino a causa de la imposibilidad de guardarlo. En su carta a los gálatas creyentes en el Mesías, Pablo describió la Torá como "nuestro ayo, para llevarnos a Cristo, a fin de que fuésemos justificados por la fe", (Gálatas 3:24). Así explicó que la Torá nos muestra que no podemos "auto-perfeccionarnos"; y que hay una brecha gigantesca entre lo que Dios exige y lo que podamos alcanzar. Fue precisamente por esta razón que busqué al Mesías el 1 de enero de 1970, cuando me di cuenta de que había desobedecido los mandamientos de Dios y que estaba bajo Su juicio.

¿Es la Torá el puente a Dios?

La Torá nos muestra que todos somos destituidos de la gloria de Dios y que necesitamos tener paz con Dios por el arrepentimiento, y fe en el sacrificio que El proveyó. Bajo el antiguo pacto, eso se hizo a través de la sangre de animales ofrecida en el Yom Kippur. Bajo el nuevo pacto, es a través de la sangre del Mesías. De esta manera, el Mesías Jesús llega a ser nuestro puente con Dios, cumpliendo Su Palabra.

> Yo soy el camino, y la verdad, y la vida; nadie viene al Padre sino por mí. (Juan 14:6)

Cuando Jesús habló con Nicodemo, un erudito rabí de ese tiempo, El dijo que para entrar en el nuevo pacto, "Os es necesario nacer de nuevo", (Juan 3:7), hablando no física sino espiritualmente. Esta experiencia fue profetizada en Ezequiel:

> Os daré corazón nuevo, y pondré espíritu nuevo dentro de vosotros; y quitaré de vuestra carne el corazón de piedra, y os daré un corazón de carne. Y pondré dentro de vosotros mi Espíritu, y haré que andéis en mis estatutos, y guardaréis mis preceptos, y los pongáis por obra. (Ezequiel 36:26-27)

De manera que el pacto de Sinaí tenía que ser mediado por el siervo escogido de Dios, que era Moisés; igualmente el nuevo pacto necesitaba un profeta mediador como él (ver Deuteronomio 18:15-18). Isaías revela que esta persona sería más que solo profeta. Nacería como niño, y "se llamará su nombre Admirable, Consejero, Dios fuerte, Padre eterno, Príncipe de paz", (Isaías 9:6).

Como vimos en el capítulo seis de este libro, Isaías describió posteriormente cómo este Siervo ungido de Dios moriría por los pecados del pueblo:

> Todos nosotros nos descarriamos como ovejas, cada cual se apartó por su camino; mas Jehová cargó en él el pecado de todos nosotros... fue cortado de la tierra de los vivientes, y por la rebelión de mi pueblo fue herido. (Isaías 53:6,8)

Yeshúa, Jesús, es el Mesías de quien Moisés y los profetas hablaron, que ha mediado el nuevo pacto, por el cual podemos encontrar el verdadero puente a Dios. Con Su muerte y resurrección, El ha pagado el precio por el pecado; y ha hecho posible que toda la humanidad, judía y gentil, pueda conocer el perdón de Dios y la vida eterna. Los que Le aceptan como su Mesías, Salvador y Señor, experimentan el nuevo nacimiento del cual Jesús habló a Nicodemo. Esto nos permite, a través del Espíritu Santo, caminar en una nueva vida y desear guardar Sus mandamientos. Aunque todavía estamos tentados a pecar y no alcanzar la gloria de Dios, la sangre de Jesucristo es suficiente para cubrir nuestros pecados y darnos paz con Dios. Sabemos que cuando aparezcamos delante de Dios en el día de juicio, El nos dará vida eterna en Su reino por siempre.

CAPÍTULO 12

EL MESÍAS Y LOS ÚLTIMOS DÍAS

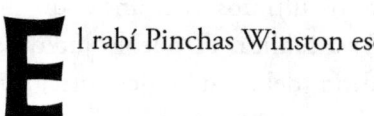

E l rabí Pinchas Winston escribió:

Estamos viviendo en tiempos muy turbulentos, por no exagerar . . . Ahora, más que nunca antes en los últimos 50 años, el pueblo judío y también el mundo en general necesitan un salvador. Necesitamos alguien que pueda, de alguna manera, y aun en forma mística, conseguir algo más que un solo cese tenue al fuego entre dos pueblos en conflicto. Necesitamos alguien que pueda, de una vez por todas, poner fin a todo conflicto humano, especialmente en el Medio Oriente.

Y si puede hacer eso, una ardua tarea, posiblemente también podría destruir cualquier otro mal que exista en el mundo. Mientras que él desarrolle esta paz mundial soñada por tanto tiempo, que también haga que el comportamiento inmoral y no ético sea cosa del pasado. En otras palabras, este salvador, si realmente es salvador, debe introducir una utopía permanente en la sociedad, donde el comportamiento virtuoso sea el tema principal y de segunda (si no primera) naturaleza.

¿Qué nombre daremos a este héroe moderno de proporciones bíblicas? En el judaísmo, él siempre se ha llamado "Moshiach" (el Mesías), "el ungido", porque como rey judío, ha de ser ungido cuando suba a este nombrado puesto.[1]

Como hemos visto en este libro, la tarea principal del Mesías, según el judaísmo rabínico, será traer paz a Israel y al mundo. El rabí Winston reconoce que traer paz y poner fin al conflicto humano, especialmente en el Medio Oriente, es "una ardua tarea". Algunos dirían que es una imposibilidad, dado el nivel de hostilidad que existe allí.

La Biblia dice que habrá paz y justicia en Israel en los últimos días (Isaías 2:1-4). La pregunta es, ¿cómo llegarán Israel y el mundo a este punto?

Los eventos en Israel durante los últimos cien años son un cumplimiento increíble de la profecía bíblica. El pueblo judío ha regresado a Israel desde países alrededor del mundo, del norte, sur, este y oeste, tal como habían dicho los profetas:

> Y levantará pendón a las naciones, y juntará los desterrados de Israel, y reunirá los esparcidos de Judá de los cuatro confines de la tierra. (Isaías 11:12)

> No temas, porque yo estoy contigo; del oriente traeré tu generación, y del occidente te recogeré. Diré al norte: Da acá; y al sur: No detengas; trae de lejos mis hijos, y mis hijas de los confines de la tierra. (Isaías 43:5-6)

> Oíd palabra de Jehová, oh naciones, y hacedlo saber en las costas que están lejos, y decid: El que esparció a Israel lo reunirá y guardará, como el pastor a su rebaño. (Jeremías 31:10)

Ezequiel profetizó un tiempo cuando la tierra, antes desolada, llegaría a ser fértil otra vez, con el regreso del pueblo de Israel:

El Mesías y los últimos días

Mas vosotros, oh montes de Israel, daréis vuestras ramas, y llevaréis vuestro fruto para mi pueblo Israel; porque cerca están para venir. (Ezequiel 36:8)

Durante el tiempo que los judíos estaban fuera de la tierra, la lluvia se escaseó hasta el punto que realmente llegó a ser tierra estéril y sin fruto, como describieron los viajeros del siglo 19. Mark Twain habló de este lugar en 1867 en su libro *The Innocents Abroad* (*Los inocentes en el extranjero*):

De todas las tierras con paisajes desolados, creo que Palestina debe ser la sobresaliente . . . es una tierra sin esperanza, triste, de corazón quebrantado . . . Palestina está sentada en cenizas y ropa de duelo. Sobre ella pesa el efecto de una maldición que ha marchitado sus cultivos y atado sus energías . . . Palestina es desolada y nada agradable.[2]

En la medida que el pueblo judío empezó a volver a la tierra, volvieron las lluvias, con la cantidad más abundante en 1948, el año del renacimiento de Israel como nación. Se sembraron millones de árboles en las colinas, y los desiertos empezaron a ser regados y cultivados.

La profecía de Ezequiel habla del regreso del pueblo judío a la tierra y del renacimiento espiritual que experimentaría en los últimos días:

Y os tomaré de las naciones, y os recogeré de todas las tierras, y os traeré a vuestro país. Esparciré sobre vosotros agua limpia, y seréis limpiados de vuestras inmundicias; y de todos vuestros ídolos os limpiaré. Os daré corazón nuevo, y pondré espíritu nuevo dentro de vosotros; y quitaré de vuestra carne el corazón de piedra, y os daré un corazón de carne. Y pondré dentro de vosotros mi Espíritu, y haré que andéis en mis estatutos, y guardéis mis preceptos, y los pongáis por obra. Habitaréis en la tierra que di a vuestros padres, y vosotros me seréis por pueblo, y yo seré a vosotros por Dios. (Ezequiel 36:24-28)

El renacimiento de Israel como país ha ocurrido en nuestros días. La Biblia indica que también habrá un renacimiento espiritual cuando Israel dirija su mirada hacia el Mesías.

El renacimiento físico de Israel como tierra propia de los judíos es uno de los eventos más extraordinarios de los tiempos modernos El primer líder de Israel, el primer ministro David Ben Gurion, expresó una frase ya famosa: "En Israel, para ser realista, hay que creer en milagros". El restablecerse como país y sobrevivir contra toda oposición demuestra que Israel es un milagro. Eso se vio con la victoria de la nación contra siete ejércitos árabes que la atacaron en 1948 al nacer como nación. Después, se han visto muchas señales de la intervención divina en sus guerras de 1967 y 1973, y hasta el día de hoy.

La Biblia también habla de un tiempo de tribulación en los últimos días antes del regreso del Mesías. El 12 de octubre del 2015, el presidente israelí Rivlin se dirigió al Knesset con términos apocalípticos:

> Últimamente hemos visto más y más intentos por líderes políticos y otros, de hacer del conflicto israelí-palestino un conflicto religioso. En tal conflicto, no habría fin. Una guerra como la de Armagedón, yijad, o el fin de los tiempos. Los intentos de fundamentalistas apasionadas de aumentar los fuegos de conflictos es un esfuerzo por poner en llamas esta tierra en la cual todos vivimos.[3]

Al observar estos eventos, algunos rabíes en Israel han sugerido públicamente que el Mesías "está a las puertas". El rabí Amar dijo:

> Cuando el Mesías ha de venir, Dios incitará a las naciones a pelear entre sí, hasta, contra su voluntad, habrá una guerra . . . "También está escrito que antes de venir el Mesías, Israel sufrirá mucho de los hijos de Ismael (los árabes), y que ellos nos provocarán a enemistad. Estamos en una encrucijada y necesitamos orar que Dios nos redima. Tenemos que despertarnos y arrepentirnos, porque si no, (que Dios nos

libere), los ismaelitas nos vencerán"... Entonces... debemos tener mucha motivación de despertarnos y arrepentirnos.[4]

La librería Israel 365[5] anuncia numerosos libros que dan una interpretación judía sobre los últimos días. Por ejemplo, promueve *Survival Guide for the End of Days* (*Guía de sobrevivencia para los últimos días*), por rabí Pinchas Winston con estas palabras:

> Las escrituras hebreas están llenas de referencias a los Últimos Días, y a la venida del Mashiach (el Mesías judío). El Mashiach unirá al pueblo judío y recogerá en la santa tierra de Israel a todos los exiliados. Reedificará el Templo en Jerusalén, y resucitará a los muertos. El mundo entero reconocerá al único verdadero Dios, y el propósito de la creación de Dios en la tierra se cumplirá. Pero todo esto ocurrirá solo después de una gran guerra.[6]

También la librería Israel 365 anuncia Not Just Another Scenario (No solo otro escenario), otro libro por el rabí Winston, diciendo:

> El profeta Zacarías habló del "Dìa del Señor" cuando Jerusalén iba a ser atacado, las montañas rotas, y las corrientes de aguas divertidas. Lo que nos dice esta profecía es que los tiempos del Mesías estarán llenos de desastres naturales y eventos no anticipados ni entendidos. El libro de Pinchas Winston es un intento a ver detrás de las cortinas de profecía, y mostrarnos cómo se sería un verdadero apocalipsis en el mundo de hoy.[7]

El rabí Winston ha relacionado el desplazamiento de Rusia hacia Siria con la guerra de Gog y Magog, viéndola como una señal que "muchos elementos de los últimos días empiezan a unirse justo al norte del estado judío".[8]

La guerra de Gog y Magog es profetizada en Ezequiel 38-39. En esta guerra, un poder grande norte de Israel se une a una coalición armada para invadir a Israel desde el norte. Los ejércitos son liderados por "Gog en tierra de Magog, príncipe soberano de Mesec y Tubal"

(Ezequiel 38:2). Los estudiosos de la Biblia han identificado este poder como Rusia, que llega desde "tu lugar, de las regiones del norte" (Ezequiel 38:15), juntamente con otros países como Persia (Irán) y Togarmah (Turquía). Es interesante que en los momentos cuando escribo este capítulo (enero 2017), estos países están reuniéndose en una conferencia de paz para resolver el conflicto en Siria. Las tres naciones tienen ejércitos en Siria; y Rusia dice que va a establecer una base militar permanente en Tarto, Siria. La profecía de Ezequiel dice que esta alianza de naciones invade a Israel "al cabo de los días" cuando desde todas las naciones, el pueblo judío es reunido en la tierra de Israel. Este ejército unido es destruido en forma sobrenatural por la intervención de Dios "sobre los montes de Israel" y con el Espíritu Santo derramado sobre Israel.

Otro libro, titulado *Working Towards Moshiach* (*Progresando hacia Moshiach*) (el Mesías), Roy Neuberger se refiere a un "tiempo difícil" basado sobre "la visión apocalíptica de Zacarías"; y "da las herramientas para enfrentar el caos que viene, y alcanzar la redención final".[9]

De hecho, Zacarías da información increíblemente específica sobre la situación alrededor de Jerusalén en los últimos días. Hace unos 2500 años, profetizó que Jerusalén iba a ser un punto focal de atención para Israel, las naciones alrededor y aun en todo el mundo:

> He aquí yo pongo a Jerusalén por copa que hará temblar a todos los pueblos alrededor . . . piedra pesada a todos los pueblos. (Zacarías 12:2-3)

Después del establecimiento de la nación de Israel en 1948, Jerusalén era una ciudad dividida. La parte occidental estaba en Israel, y la histórica Ciudad Antigua (antiguo sitio del Templo) estaba en la parte oriental, gobernado por Jordania. Desde la Guerra de los Seis Días de 1967, Israel ha gobernado Jerusalén como ciudad unida. Zacarías 14 describe la batalla sobre Jerusalén en los últimos días: "Porque yo reuniré a todas las naciones para combatir contra Jerusalén" (versículo 2).

El Mesías y los últimos días

Desde el punto de vista de los musulmanes, ellos piensan que deben gobernar sobre Jerusalén. Actualmente, hay una propuesta por los poderes mundiales y la ONU de resolver el conflicto árabe-israelí con una "solución de dos estados", o sea, un estado palestino en los territorios ocupados por los israelíes en la Guerra de los Seis Días de 1967. Esto incluye Jerusalén, que ha sido un tema central en las discusiones sobre la división del territorio.

Netanyahu, el primer ministro de Israel, ha dicho que Jerusalén sigue siendo la capital indivisible de Israel; y que debe seguir siendo una ciudad unida gobernada por Israel. Los palestinos, apoyados por las naciones árabes musulmanas, quieren un estado palestino con su capital en la parte este de Jerusalén. El líder de la Autoridad Palestina, Mahmoud Abbas, ha declarado: "¡Algún día, un palestino joven levantará la bandera palestina sobre Jerusalén, la capital eterna del estado de Palestina!"[10]

Todo esto coincide con la profecía de Zacarías, que Jerusalén será una "piedra pesada" para todas las naciones, (i.e. el estatus de Jerusalén será asunto de un enfoque internacional) en los últimos días. Esto culminará en el conflicto final con las naciones hostiles levantadas contra Israel y Jerusalén. El profeta Joel también habla sobre esto en sus profecías del esfuerzo de las naciones de dividir la tierra de Israel. Con esto, ellas caerán bajo el juicio de Dios (Joel 3:1-2).

Zacarías describe cómo el Señor interviene a favor de Israel cuando las naciones se junten contra Jerusalén:

> Y derramaré sobre la casa de David, y sobre los moradores de Jerusalén, espíritu de gracia y de oración; y mirarán a mí, a quien traspasaron, y llorarán como se llora por hijo unigénito, afligiéndose por él como quien se aflige por el primogénito. (Zacarías 12:10)

Aquí tenemos una profecía sobre uno que ha sido traspasado, y quien viene a salvar en los últimos días al remanente de Israel, física y espiritualmente. Esto habla de Yeshúa, el Mesías, quien vino una vez para salvarnos de nuestros pecados por Su muerte cuando fue traspasado (muerto por crucifixión). En este tiempo de gran crisis, las personas mirarán a Yeshúa como su Salvador, y lo buscarán para salvación. Después, el Señor llegará, pondrá sus pies sobre el monte de los Olivos, y vencerá a los ejércitos que vienen contra Israel, estableciendo Su reino mesiánico en la tierra (Zacarías 14).

Por supuesto, los rabíes no aceptan esta interpretación de las profecías. El punto de vista de los autores rabíes judíos es que el Mesías vendrá como líder humano que arreglará los problemas del mundo, salvará a Israel de sus enemigos, y creará una paz mundial. No será una persona divina, mucho menos el Señor Jesús, que regrese en poder para juzgar al mundo y establecer Su reino mesiánico. En 1976, el rabí Aryeh Kaplan escribió un libro titulado *The Real Messiah* (*El verdadero Mesías*), en el cual rechaza la idea de que Jesús sea el Mesías; mas bien él espera que el Mesías venga como un gran hombre para traer paz al mundo.

El rabí Kaplan dice que la restauración de Israel es una señal de la venida del Mesías. "Después de 2000 años de sufrimiento y oración, otra vez controlamos nuestra antigua patria".[11] El proclama que esto demuestra que "vivimos en una época cuando se han cumplido casi todas las profecías judías sobre el preludio a la era mesiánica".[12] También reconoce que la era mesiánica podría traer problemas.

> Los rápidos cambios a nivel tecnológico y sociológico resultarán en grandes trastornos sociales. Los cambios catastróficos causarán mucho sufrimiento, frecuentemente llamado el Chevley Moshiach, o dolores de parto del Mesías. Si el Mesías llega con milagros, estos cambios pueden ser evitados, pero los grandes cambios relacionados con su venida en una manera natural pueden hacer que estos cambios sean inevitables.[13]

Según el rabí Kaplan, el Mesías que viene será un "mortal humano nacido en forma normal de padres común y corrientes"[14], que cambiará el curso de la historia. Dice además que:

Hemos visto, por ejemplo, como un genio maligno como Hitler literalmente hipnotizó una nación entera, causando que se hicieran cosas normalmente impensables en una sociedad civilizada. Si semejante poder puede existir para mal, debe haber (otro poder) que existe para bien.[15]

El rabí Kaplan cree que este Mesías solucionará los problemas del mundo actual a través de su personalidad increíble, y cambiará el curso de la historia:

> Ahora, imaginemos un líder carismático más grande que cualquier otro en la historia del hombre. Imaginemos un genio político que sobrepasa a todos los demás. Con las vastas redes de comunicación a nuestra disposición, él podría enviar su mensaje al mundo entero y cambiar la misma estructura de la sociedad.[16]

Describe una posible situación por la cual el Mesías podría llegar al poder:

> Un posible escenario podría girar alrededor de la situación del Medio Oriente. Esto sería un problema que involucre todos los poderes mundiales. Ahora, imaginemos un judío, un Tzadik (literalmente, "un justo"), que resuelva este problema complicado. No es inconcebible que semejante demostración de genio político de habilidad diplomático lo pusiera en una posición de liderazgo mundial. Los poderes mayores escucharían a esta clase de individuo.[17]

También describe cómo recogería a los exiliados de Israel, permitiendo la reedificación del Templo, y enseñaría a toda la humanidad a vivir en paz, siguiendo las enseñanzas de Dios. Concluye:

> En la medida que la sociedad se aproxime a la perfección y el mundo llegue a ser más piadoso, los hombres buscarán más y más lo transcendental. Como dijo el profeta (Isaías 11:9),

"Porque la tierra será llena del conocimiento de Jehová como las aguas cubren la mar". Más y más personas alcanzarán la unión mística de la profecía, como está escrito (Joel 3:28), "*Y después de esto derramaré mi Espíritu sobre toda carne, y profetizarán vuestros hijos y vuestras hijas*".[18]

¿Es cierto que el esperado Mesías está próximo a aparecer en la tierra , y por su personalidad carismática, inspirar al mundo hacia la paz y la obediencia a Dios? ¿Sería que los eventos actuales preparan el camino para la aparición de un personaje siniestro? Las profecías bíblicas en Daniel y Apocalipsis y otros libros del Nuevo Testamento señalan la llegada del "hombre de pecado, el hijo de perdición" (2 Tesalonicenses 2:3), también conocido como la Bestia o el Anticristo. El hará un pacto con Israel (Daniel 9:27, Isaías 28:14-22), que ofrecerá paz y seguridad, pero que se romperá después, trayendo el tiempo final de la "angustia para Jacob" (Jeremías 30:7), la Gran Tribulación (Mateo 24:15-31).

Este Mesías que anuncia el rabí Kaplan puede terminar siendo el anti-mesías o el Anticristo, que la Biblia dice que vendrá en los postreros días. Por esta razón, el asunto de la interpretación de las profecías no es solo algo académico que los estudiosos discuten, sino un asunto vital que toda persona debe entender, a fin de no ser engañada por el falso Mesías mundial.

Las esperanzas mesiánicas judías enfocan un gran hombre que hará la paz mundial y rescatará a Israel. Sin embargo, las profecías bíblicas demuestran que es vana esta esperanza, y su fin es la traición y una profunda desilusión.

En los postreros días, habrá una crisis mundial centrada en el conflicto árabe-israelí, y sobre quién controlará Jerusalén. Actualmente, esto es un tema de preocupación mundial, resultando en más declaraciones de la ONU que sobre cualquier otro lugar problemático en la tierra. Por razones religiosas, económicas y políticas, esta crisis seguirá siendo el enfoque de todo el mundo en los últimos días; y de primera importancia en la búsqueda de un acuerdo de paz. Hoy en día, las naciones principales del mundo (EE.UU., UE, y

Rusia), con el apoyo de la organización de todas las naciones (ONU), en vano han tratado de negociar un plan de paz para el Medio Oriente. Las profecías en el libro de Daniel indican que la venida del Anticristo será él que hace este acuerdo de paz:

> Y después de las sesenta y dos semanas se quitará la vida al Mesías, mas no por sí; y el pueblo de un príncipe que ha de venir destruirá la ciudad y el santuario; y su fin será con inundación, y hasta el fin de la guerra durante las devastaciones. Y por otra semana confirmará el pacto con muchos; a la mitad de la semana hará cesar el sacrificio y la ofrenda. Después con la muchedumbre de las abominaciones vendrá el desolador, hasta que venga la consumación, y lo que está determinado se derrame sobre el desolador. (Daniel 9:26-27)

Esta profecía habla del verdadero Mesías, quien será repudiado, y no morirá por sí mismo, sino por los pecados del mundo, antes de la destrucción del Segundo Templo (ver el capítulo 9). Seguirá un período largo de guerras y desolaciones en Jerusalén, hasta el último período de siete semanas, cuando "él" hiciera un convenio con muchos por "una semana" (en este contexto, una "semana" significa un lapso de tiempo de siete años). Según mi interpretación y pensamiento, él que hace este pacto, el "príncipe por venir", es el que es llamado el Anticristo o bestia en el Nuevo Testamento. Es identificado con "el pueblo" responsable por la destrucción del Templo (los romanos). De eso sale la idea que ese personaje saldrá de un imperio romano renovado en los últimos días, que muchos asocian con la U.E. o la ONU. Este pasaje indica que habrá un pacto falso de paz, que se romperá a la mitad de la "semana" (i.e. después de tres años y medio), dando lugar al profetizado tiempo de tribulación.

Daniel 11 indica que el pacto que se hará será basado sobre el engaño:

> Y le sucederá en su lugar un hombre despreciable, al cual no darán la honra del reino; pero vendrá sin aviso y tomará el reino con *halagos*. (Daniel 11:21) (Énfasis Pearce)

> El corazón de estos dos reyes será para hacer mal, y en una misma mesa hablarán mentira; mas no servirá de nada, porque el plazo aún no habrá llegado. (Daniel 11:27)

Estas profecías se cumplieron parcialmente a través de Antioco Epifanes en el tiempo de los Macabeos, pero habrá un cumplimiento posterior de esta profecía en los postreros días. Por medio de una mezcla de promesas de paz y engaño, el Anticristo logrará persuadir a Israel y a los países árabes hacer un acuerdo de paz que en realidad, le dará poder sobre Jerusalén.

> Por tanto, varones burladores que gobernáis a este pueblo que está en Jerusalén, oíd la palabra de Jehová. Por cuanto habéis dicho: Pacto tenemos hecho con la muerte, e hicimos convenio con el Seol; cuando pase el turbión de azote, no llegará a nosotros, porque hemos puesto nuestro refugio en la mentira, y en la falsedad nos escondemos; por tanto, Jehová el Señor dice así: He aquí que yo he puesto en Sion por fundamento una piedra, piedra probada, angular, preciosa, de cimiento estable; el que creyere, no se apresure. Y ajustaré el juicio a cordel, y a nivel la justicia; y granizo barrerá el refugio de la mentira, y aguas arrollarán el escondrijo. Y será anulado vuestro pacto con la muerte, y vuestro convenio con el Seol no será firme; cuando pase el turbión del azote, seréis de él pisoteados. Luego que comience a pasar, él os arrebatará; porque de mañana en mañana pasará, de día y de noche; y será ciertamente espanto el entender lo oído. (Isaías 28:14-19)

Este "pacto con la muerte" será hecho por Israel para conseguir protección del "turbión de azote", la amenaza de invasión y destrucción. Pero no funcionará, porque estará basado sobre mentiras y falsedad. La frase, "aguas arrollarán el escondrijo" señala lo que Israel

El Mesías y los últimos días

temía que pasará: la invasión enemiga y la toma de control. Esto llevará al último evento de este tiempo, Armagedón, que causará un "reportaje" espantoso.

En la profecía de Daniel 9:27, y también la de Isaías 28:14-19, algunos no entrarán en este pacto de paz falso. En Daniel 9, el Anticristo hace el pacto con "algunos" pero no con todos. En Isaías 28:16, hay los que no actúan neciamente sino que ponen su confianza en Dios, quien dice, "He aquí que yo he puesto en Sión por fundamento una piedra, piedra probada, angular, preciosa, de cimiento estable". Salmo 118:22 es un salmo mesiánico y también se refiere a una piedra.

> La piedra que desecharon los edificadores ha venido a ser cabeza del ángulo. De parte de Jehová es esto, y es cosa maravillosa a nuestros ojos. (Salmo 118:22-23)

Este versículo se utiliza para señalar a Jesús como el Mesías que sufrió rechazo y también exaltación, y es citado en el Nuevo Testamento con más frecuencia que cualquier otro versículo del Antiguo Testamento: en tres evangelios (Mateo 21:42, Marcos 12:10, Lucas 20:17), Hechos 4:11 y 1 Pedro 2:6-7.

Hay una historia judía relacionada con este versículo. Se dice que cuando los edificadores, en el templo de Salomón, estaban colocando las grandes piedras labradas, encontraron una que tenía una forma extraña y que no cabía en ningún lugar. Entonces, la desecharon y la botaron al basurero. Al final de la construcción, encontraron que había un espacio vacio irregular a la cabeza de la esquina. Uno de los edificadores que había estado desde el comienzo de la obra recordó la piedra de forma extraña, entonces fueron a buscarla en el basurero. Resultó tener la forma exacta para ocupar el espacio del ángulo del edificio.

Esta historia tiene una maravillosa relación con lo que Jesús dijo de sí mismo como el Mesías. Cuando El vino la primera vez, no encajaba con las ideas que tenían muchos judíos del Mesías, de modo que le desecharon y le rechazaron espiritualmente. En los últimos días, cuando ruge el conflicto final alrededor de Jerusalén, un remanente de judíos entenderá que El es el único que cabe en el vacío de sus vidas, y que cumple sus esperanzas del Mesías. Entonces, El volverá y tomará Su lugar de honor. Librará a Israel de destrucción, y creará la paz mundial.

Cuando los ejércitos del mundo se juntan para batallar contra Jerusalén, Dios dice:

> Y derramaré sobre la casa de David, y sobre los moradores de Jerusalén, espíritu de gracia y de oración; y mirarán a mí, a quien traspasaron, y llorarán como se llora por hijo unigénito, afligiéndose por él como quien se aflige por el primogénito. (Zacarías 12:10)

El que fue traspasado señala al Mesías Jesús, quien murió con Sus manos y sus pies traspasados. Cuando las personas Le contemplen, lamentarán sus pecados y los años de separación que el pueblo judío ha tenido con su Mesías, que les amaba y se dio a Sí mismo por la redención de Israel y el mundo. Este entendimiento resultará en el arrepentimiento y limpieza de pecado por medio de la sangre del Mesías, como dice Zacarías 13:1:

> En aquel tiempo habrá un manantial abierto para la casa de David y para los habitantes de Jerusalén, para la purificación del pecado y de la inmundicia.

Después, Zacarías dice:

> Después saldrá Jehová y peleará con aquellas naciones, como peleó en el día de la batalla. Y se afirmarán sus pies en aquel día sobre el monte de los Olivos, que está en frente de Jerusalén al oriente... Y Jehová será rey sobre toda la tierra. (Zacarías 14:3-4, 9)

Estas escrituras concuerdan completamente con el mensaje de Jesús. El es revelado en el Evangelio como el único Hijo que ha sido "traspasado", muriendo por crucifixión para redimir al mundo. Volverá una segunda vez para juzgar al mundo de acuerdo a cómo hemos aceptado Su mensaje.

Jesús se refirió a Su segunda venida en el monte de los Olivos, cerca de Jerusalén (Mateo 24, Marcos 13, Lucas 21), el mismo lugar donde Zacarías dice que llegaría el Señor para salvar a Israel. Jesús ascendió al cielo desde el monte de los Olivos, y el ángel habló a los discípulos, diciendo:

> Este mismo Jesús, que ha sido tomado de vosotros al cielo, así vendrá como le habéis visto ir al cielo. (Hechos 1:11)

Este evento anotado en Zacarías, cuando Israel mirará al que ha sido traspasado, será el mismo evento que Jesús profetizó de Jerusalén en el tiempo de Su regreso, cuando dijo:

> Porque os digo que desde ahora no me veréis, hasta que digáis: Bendito el que viene en el nombre del Señor. (Mateo 23:39)

"Bendito el que viene en el nombre del Señor" es la bienvenida que se da al Mesías que viene; e indica que en los últimos días, Jesús recibirá la bienvenida, aceptado como el Mesías por el pueblo judío. Entonces, volverá a la tierra y dará la paz a Israel, cumpliendo la profecía de Isaías:

> Acontecerá en lo postrero de los tiempos, que será confirmado el monte de la casa de Jehová como cabeza de los montes, y será exaltado sobre los collados, y correrán a él todas las naciones. Y vendrán muchos pueblos, y dirán: Venid, y subamos al monte de Jehová, a la casa del Dios de Jacob; y nos enseñará sus caminos, y caminaremos por sus sendas. Porque de Sión saldrá la ley, y de Jerusalén la palabra de Jehová. Y juzgará entre las naciones, y reprenderá a muchos pueblos; y volverán sus espadas en rejas de arado, y sus lanzas en hoces; no alzará espada nación contra nación, ni se adiestrarán más para la guerra. (Isaías 2:2-4)

En ese día, El cumplirá las profecías del Mesías Rey que reina (Mesías ben David), habiendo cumplido las profecías del Mesías siervo que sufre (Mesías ben José). Está esperando que los judíos, por quienes vino la primera vez y a quienes sigue amando, le lleguen en arrepentimiento y fe, reconociéndole como el verdadero Mesías quien vino en humildad como sacrificio por los pecados del mundo entero. Volverá pronto en poder para juzgar al mundo en justicia de acuerdo como le hemos respondido.

EL PRÓXIMO ACONTECIMIENTO

Lo que viene ahora es la era mesiánica o el milenio como describen los profetas hebreos y las porciones proféticas del Nuevo Testamento. Aquí hacemos un breve resumen de todo esto:

Después del regreso de Jesús, Dios mostrará durante la era mesiánica cómo la tierra debe manejarse. Pasada la destrucción del anterior período de tribulación, aguas vivas correrán de Jerusalén para limpiar la tierra (Zacarías 14:8). Se destruirán las armas de guerra y cesará todo adiestramiento bélico (Isaías 2:4, 9:5, Ezequiel 38:9).

Las naciones subirán a un Jerusalén redimido, donde el Mesías les enseñará los caminos del Señor (Isaías 2:2-3). Habrá una paz universal, y aun el reino animal será cambiado, haciendo que los carnívoros se vuelvan vegetarianos. La tierra será llena del conocimiento del Señor como las aguas cubren la mar (Isaías 11:6-9).

Este tiempo glorioso será el descanso Sabbat para la tierra. Si tomamos un punto de vista literal de la creación, y que la segunda venida del Mesías no está muy lejos, calculamos algunos 6000 años desde la creación hasta el fin de los tiempos. La era mesiánica o el milenio, según Apocalipsis, durará 1000 años. Leemos en 2 Pedro 3:8 que para el Señor, un día es como mil años. Entonces tenemos un paralelo a la historia de la creación: seis días de labores seguidos por el día de descanso del Sabbat; 6000 años de trabajo y pecado seguido por 1000 años de descanso y paz.

Zacarías habla de la fiesta de los tabernáculos (Sukkot) que se celebraba en esa época, y que recuerda el tiempo cuando los israelitas vivían en tabernáculos después de su salida de Egipto y antes de su entrada en la tierra prometida. Estas representaban una habitación temporal antes de llegar al destino final que Dios ha preparado para Su pueblo. Así que la era mesiánica/el milenio representa una vivienda temporal para los que han "salido de Egipto" (que simboliza el sistema mundial que está en rebelión contra Dios) antes de entrar en el descanso del cielo.

En este tiempo, el Mesías "herirá la tierra con la vara de su boca" pero también con una justicia absoluta (Isaías 11:4-5). Los beneficios serán obvios a todos, especialmente los que han experimentado los horrores de la gran tribulación. En este tiempo del reino mesiánico, hijos les nacerán a los sobrevivientes de la tribulación. No serán tentados a pecar como nosotros, porque Satanás estará atado y sin poder para influir en las naciones (Apocalipsis 20:1-4).

Sin embargo, existirá la posibilidad de pecar durante este tiempo, porque leemos en Isaías 65:20:

> No habrá más allí niño que muera de pocos días, ni viejo que sus días no cumpla; porque el niño morirá de cien años, y el pecador de cien años será maldito.

También leemos de naciones que rehusarán adorar al Señor durante este tiempo, y que sufrirán juicio como resultado (Zacarías 14:17-19). Al final de este período de mil años, Satanás será suelto por un tiempo, y juntará a los que se rebelan contra el reino del Mesías:

> Cuando los mil años se cumplan, Satanás será suelto de su prisión, y saldrá a engañar a las naciones que están en los cuatro ángulos de la tierra, a Gog y a Magog, a fin de reunirlos para la batalla; el número de los cuales es como la arena del mar. Y subieron sobre la anchura de la tierra, y rodearon el campamento de los santos y la ciudad amada; y de Dios descendió fuego del cielo, y los consumió. Y el diablo que los engañaba fue lanzado en el lago de fuego y azufre, donde estaban la bestia y el falso profeta; y serán atormentados día y noche por los siglos de los siglos. (Apocalipsis 20:7-10)

Después, Dios creará nuevos cielos y nueva tierra para los que han creído en Jesús como su Señor y Salvador. Allí, por fin, experimentaremos una liberación eterna de los problemas y dolores de esta vida. No habrá fin negativo del cielo, contrario a todas las épocas de este mundo, que han terminado en fracaso por la pecaminosidad humana y la actividad satánica. Únicamente el Señor morará allí y todos los redimidos. No podrán entrar allí Satanás y los que han rechazado esta redención.

En la presencia del Señor, los redimidos tendrán una comunión constante con Dios, algo que nunca fue posible en la tierra a causa de la naturaleza humana débil. Tendremos nuevos cuerpos que nunca se van a envejecer, enfermar o morir (1 Corintios 15). Preservaremos nuestra identidad, y seremos reconocidos por los que nos habían conocido. Las relaciones humanas serán diferentes a las de la tierra. Por ejemplo, no existirá el matrimonio en el cielo (Lucas 20:37-38). Como no habrá muerte, no habrá necesidad de una nueva generación para reemplazar a la antigua. La comunión entre los redimidos será más maravillosa que cualquiera que habíamos experimentado en la tierra. Los vínculos de amor en el cielo serán más poderosos que los más fuertes de la tierra.

En la presencia de Dios, hay plenitud de gozo. Nadie se entristece en el cielo. Ninguna cosa que causa tristeza en la tierra puede entrar en el cielo. No existe allí falta de bondad, ni cosas como la crueldad, egoísmo, soledad o malos entendidos.

> Enjugará Dios toda lágrima de los ojos de ellos; y ya no habrá muerte, ni habrá más llanto, ni clamor, ni dolor, porque las primeras cosas pasaron. (Apocalipsis 21:4)

Puede asegurarse que irá allí, aceptando la salvación que nos ofrece el Mesías, Jesús, Rey de reyes y Señor de señores. Amén.

> El tiempo se ha cumplido, y el reino de Dios se ha acercado; arrepentíos, y creed en el evangelio. (Marcos 1:15)

APÉNDICE

PROFECÍAS MESIÁNICAS CUMPLIDAS Y TODAVÍA POR CUMPLIRSE

PROFECÍAS DE LA PRIMERA VENIDA DEL MESÍAS

EL MESÍAS NACERÁ EN BELÉN

Profecía

Pero tú, Belén Efrata, pequeña para estar entre las familias de Judá, de ti me saldrá el que será Señor en Israel; y sus salidas son desde el principio, desde los días de la eternidad. (Miqueas 5:2; 5:1 en Biblias judías)

Cumplimiento

Y convocados todos los principales sacerdotes, y los escribas del pueblo, les preguntó dónde había de nacer el Cristo. Ellos le dijeron: En Belén de Judea; porque así está escrito por el profeta. (Mateo 2:4-5. Para cita completa, ver Mateo 2:1-6 y Lucas 2:1-20)

EL MESÍAS NACIDO DE UNA VIRGEN

Profecía:

Por tanto, el Señor mismo os dará señal: He aquí que la virgen concebirá, y dará a luz un hijo, y llamará su nombre Emanuel. (Isaías 7:14)

Cumplimiento:

El nacimiento de Jesucristo fue así: Estando desposada María su madre con José, antes que se juntasen, se halló que había concebido del Espíritu Santo. José su marido, como era justo, y no quería infamarla, quiso dejarla secretamente. Y pensando él en esto, he aquí un ángel del Señor le apreció en sueños y le dijo: José, hijo de David, no temas recibir a María tu mujer, porque lo que en ella es engendrado, del Espíritu Santo es. Y dará a luz un hijo, y llamarás su nombre JESÚS, porque él salvará a su pueblo de sus pecados. (Mateo 1:18-21; para la cita completa, ver Mateo 1:18-25)

EL MESÍAS COMO HIJO QUE TAMBIÉN ES DIOS FUERTE

Profecía

Porque un niño nos es nacido, hijo nos es dado, y el principado sobre su hombro; y se llamará su nombre Admirable, Consejero, Dios fuerte, Padre eterno, Príncipe de paz. (Isaías 9:6)

Cumplimiento

El Espíritu Santo vendrá sobre ti, y el poder del Altísimo te cubrirá con su sombra; por lo cual también el Santo Ser que nacerá, será llamado Hijo de Dios. (Lucas 1:35)

Apéndice: Las profecías mesiánicas

EL MESÍAS PREDICA LAS BUENAS NUEVAS Y TIENE MINISTERIO DE MILAGROS

Profecía

El Espíritu de Jehová el Señor está sobre mí, porque me ungió Jehová; me ha enviado a predicar buenas nuevas a los abatidos, a vendar a los quebrantados de corazón, a publicar libertad a los cautivos, y a los presos apertura de la cárcel. (Isaías 61:1)

Cumplimiento

Recorría Jesús todas las ciudades y aldeas, enseñando en las sinagogas de ellos, y predicando el evangelio del reino, y sanando toda enfermedad y toda dolencia en el pueblo. (Mateo 9:35)

EL MESÍAS ENSEÑA POR PARÁBOLAS

Profecía

Abriré mi boca en proverbios. (Salmo 78:2)

Cumplimiento

Todo esto habló Jesús por parábolas a la gente, y sin parábolas no les hablaba. (Mateo 13:34)

EL MESÍAS COMO LUZ A LOS GENTILES

Profecía

También te di por luz de las naciones, para que seas mi salvación hasta lo postrero de la tierra. (Isaías 49:6)

Cumplimiento

Porque han visto mis ojos tu salvación, la cual has preparado en presencia de todos los pueblos; luz para revelación a los gentiles, y gloria de tu pueblo Israel. (Lucas 2:30-32; también ver Mateo 28:18-20 y Hechos 13:47-48)

EL MESÍAS ENTRA EN JERUSALÉN CABALGANDO SOBRE UN ASNO

Profecía

Alégrate mucho, hija de Sion; da voces de júbilo, hija de Jerusalén; he aquí tu rey vendrá a ti, justo y salvador, humilde, y cabalgando sobre un asno, sobre un pollino de asna. (Zacarías 9:9)

Cumplimiento

Y trajeron el asna y el pollino, y pusieron sobre ellos sus mantos; y él se sentó encima. Y la multitud, que era muy numerosa, tendía sus mantos en el camino; y otros cortaban ramas de los árboles, y las tendían en el camino. (Mateo 21:7-8)

EL MESÍAS EN ESTA OCASIÓN RECIBE LA BIENVENIDA COMO TAL

Profecía

Este es el día que hizo Jehová; nos gozaremos y alegraremos en él. Oh, Jehová, ("hoshiana" en hebreo, "hosanna" en griego), sálvanos ahora, te ruego; te ruego, oh Jehová, que nos hagas prosperar ahora. Bendito el que viene en el nombre de Jehová. (Salmo 118:24-26)

Cumplimiento

Y la gente que iba delante y la que iba detrás aclamaba, diciendo; ¡Hosanna al Hijo de David! ¡Bendito el que viene en el nombre del Señor! ¡Hosanna en Las alturas! (Mateo 21:9)

Apéndice: Las profecías mesiánicas

A PESAR DE SU ENTRADA TRIUNFAL, EL MESÍAS ENTRA EN JERUSALÉN PARA SER RECHAZADO Y MORIR COMO SACRIFICIO

Profecía

La piedra que desecharon los edificadores ha venido a ser cabeza del ángulo . . . Atad víctimas con cuerdas a los cuernos del altar. (Salmo 118:22,27)

Cumplimiento

Desde entonces comenzó Jesús a declarar a sus discípulos que le era necesario ir a Jerusalén y padecer mucho de los ancianos, de los principales sacerdotes y de los escribas; y ser muerto, y resucitar al tercer día. (Mateo 16:21)

EL MESÍAS ENTREGADO POR TREINTA PIEZAS DE PLATA

Profecía

Y les dije: Si os parece bien, dadme mi salario; y si no, dejadlo. Y pesaron por mi salario treinta piezas de plata. Y me dijo Jehová: Échalo al tesoro; ¡hermoso precio con que me han apreciado! Y tomé las treinta piezas de plata, y las eché en la casa de Jehová al tesoro. (Zacarías 11:12-13)

Cumplimiento

Entonces uno de los doce, que se llamaba Judas Iscariote, fue a los principales sacerdotes, y les dijo: ¿Qué me queréis dar, y yo os lo entregaré? Y ellos le asignaron treinta piezas de plata. (Mateo 26:14-15; también ver Mateo 27:3-10)

EL MESÍAS DESAMPARADO POR SUS DISCÍPULOS

Profecía

Levántate, oh espada, contra el pastor, y contra el hombre compañero mío, dice Jehová de los ejércitos. Hiere al pastor, y serán dispersadas las ovejas. (Zacarías 13:7)

Cumplimiento

Entonces todos los discípulos, dejándole, huyeron. (Marcos 14:50)

EL MESÍAS SE ENMUDECE DELANTE DE SUS ACUSADORES

Profecía

Angustiado él, y afligido, no abrió su boca. (Isaías 53:7)

Cumplimiento

Y siendo acusado por los principales sacerdotes y por los ancianos, nada respondió. (Mateo 27:12)

EL MESÍAS GOLPEADO Y ESCUPIDO

Profecía

Di mi cuerpo a los heridores, y mis mejillas a los que me mesaban la barba; no escondí mi rostro de injurias y es esputos. (Isaías 50:6)

Cumplimiento

Entonces le escupieron en el rostro, y le dieron de puñetazos, y otros le abofeteaban. (Mateo 26:67)

Apéndice: Las profecías mesiánicas

EL MESÍAS ESCARNECIDO

Profecía

Todos los que me ven me escarnecen; estiran la boca, menean la cabeza, diciendo: Se encomendó a Jehová; líbrele él; sálvele, puesto que en él se complacía. (Salmo 22:7-8)

Cumplimiento

De esta manera también los principales sacerdotes, escarneciéndole con los escribas y los fariseos y los ancianos, decían: A otros salvó, a sí mismo no se puede salvar; si es el Rey de Israel, descienda ahora de la cruz, y creeremos en él. Confió en Dios; líbrele ahora si le quiere; porque ha dicho: Soy Hijo de Dios. (Mateo 27:41-43)

TRASPASADOS LAS MANOS Y LOS PIES DEL MESÍAS

Profecía

Horadaron mis manos y mis pies. (Salmo 22:16)

Mirarán a mí, a quien traspasaron. (Zacarías 12:10)

Cumplimiento

Y cuando llegaron al lugar llamado de la Calavera, le crucificaron allí, y a los malhechores, uno a la derecha y otro a la izquierda.

EL MESÍAS MUERE ENTRE TRANSGRESORES

Profecía

Fue contado con los pecadores. (Isaías 53:12)

Cumplimiento

Entonces crucificaron con él a dos ladrones, uno a la derecha, y otro a la izquierda. (Mateo 27:38)

EL MESÍAS INTERCEDE POR LOS TRANSGRESORES

Profecía

. . . habiendo él llevado el pecado de muchos, y orado por los transgresores. (Isaías 53:12

Cumplimiento

Y Jesús decía: Padre, perdónalos, porque no saben lo que hacen. (Lucas 23:34)

NINGÚN HUESO DEL MESÍAS SERÁ QUEBRANTADO

Profecía

El guarda todos sus huesos; ni uno de ellos será quebrantado. (Salmo 34:20, también ver Éxodo 12:46, Números 9:22)

Cumplimiento

Mas cuando llegaron a Jesús, como le vieron ya muerto, no le quebrantaron las piernas . . . Porque estas cosas sucedieron para que se cumpliese la Escritura: No será quebrado hueso suyo. (Juan 19:33, 36)

EL MESÍAS SEPULTADO ENTRE LOS RICOS

Profecía

Y se dispuso con los impíos su sepultura, mas con los ricos fue en su muerte. (Isaías 53:9)

Cumplimiento

Cuando llegó la noche, vino un hombre rico de Arimatea, llamado José, que también había sido discípulo de Jesús. Éste fue a Pilato y pidió el cuerpo de Jesús. Entonces Pilato mandó que se le diese el cuerpo. Y tomando José el cuerpo, lo envolvió en una sábana limpia, y lo puso en su sepulcro nuevo, que había labrado en la peña; y después de hacer rodar una gran piedra a la entrada del sepulcro, se fue. (Juan 27:57-60)

EL MESÍAS SE RESUCITA DE ENTRE LOS MUERTOS

Profecía

Porque no dejarás mi alma en el Seol (lugar de los muertos), ni permitirás que tu santo vea corrupción. Me mostrarás la senda de la vida. (Salmo 16:10-11)

Porque fue cortado de la tierra de los vivientes . . . Cuando haya puesto su vida en expiación por el pecado, verá linaje, vivirá por largos días. (Isaías 53:8, 10)

Cumplimiento

¿Por qué buscáis entre los muertos al que vive? No está aquí, sino que ha resucitado. (Lucas 24:5-6)

EL MENSAJE DE LA SALVACIÓN POR EL MESÍAS IRÁ A TODO EL MUNDO

Profecía

Mirad a mí, y sed salvos, todos los términos de la tierra, porque yo soy Dios, y no hay más. Por mí mismo hice juramento, de mi boca salió palabra en justicia, de mi boca salió palabra en justicia, y no será revocada: Que a mí se doblará toda rodilla, y jurará toda lengua. (Isaías 45:22-23)

Cumplimiento

Y Jesús se acercó y les habló diciendo: Toda potestad me es dada en el cielo y en la tierra. Por tanto, id, y haced discípulos a todas las naciones, bautizándolos en el nombre del Padre, y del Hijo, y del Espíritu Santo; enseñándoles que guarden todas cosas que os he mandado; y he aquí yo estoy con vosotros todos los días, hasta el fin del mundo. (Mateo 28:18-20)

PROFECÍAS DE LA SEGUNDA VENIDA DEL MESÍAS

UN TIEMPO DE GRAN TRIBULACIÓN ANTES DEL DÍA DEL SEÑOR

Profecía

En aquel tiempo se levantará Miguel, el gran príncipe que está de parte de los hijos de de tu pueblo; y será tiempo de angustia, cual nunca fue desde que hubo gente hasta entonces. (Daniel 12:1)

Paralelo en el Nuevo Testamento

Porque habrá entonces gran tribulación, cual no la ha habido desde el principio del mundo hasta ahora, ni la habrá. (Mateo 24:21)

JERUSALÉN COMO PUNTO DE ENFOQUE DURANTE ESTE TIEMPO DE TRIBULACIÓN

Profecía

En aquel día yo pondré a Jerusalén por piedra pesada a todos los pueblos; todos los que se la cargaren serán despedazados, bien que todas las naciones de la tierra se juntarán contra ella. (Zacarías 12:3)

Paralelo en el Nuevo Testamento

Pero cuando viereis a Jerusalén rodeada de ejércitos, sabed entonces que su destrucción ha llegado . . . y Jerusalén será

Apéndice: Las profecías mesiánicas

hollada por los gentiles, hasta que los tiempos de los gentiles se cumplan. (Lucas 21:20, 24)

TODAS LAS NACIONES SE REUNEN PARA LA BATALLA FINAL

Profecía

Juntaos y venid, naciones todas de alrededor, y congregaos ; haz venir allí, oh Jehová, a tus fuertes. Despiértense las naciones, y suban al valle de Josafat... (en hebreo significa "el Señor juzga"). (Joel 3:11-12)

Paralelo en el Nuevo Testamento

Pues son espíritus de demonios, que hacen señales, y van a los reyes de la tierra en todo el mundo, para reunirlos a la batalla de aquel gran día del Dios Todopoderoso... Y los reunió en el lugar que en hebreo se llama Armagedón. (Apocalipsis 16:14, 16)

EL MESÍAS VENDRÁ EN LAS NUBES DEL CIELO

Profecía

Miraba yo en la visión de la noche, y he aquí con las nubes del cielo venía uno como un hijo de hombre... (Daniel 7:13)

Paralelo en el Nuevo Testamento

Entonces aparecerá la señal del Hijo del Hombre en el cielo; y entonces lamentarán todas las tribus de la tierra, y verán al Hijo del Hombre viniendo sobre las nubes del cielo, con poder y gran gloria. (Mateo 24:30)

EL MESÍAS SE VE COMO TRASPASADO

Profecía

Y derramaré sobre la casa de David, y sobre los moradores de Jerusalén, espíritu de gracia y de oración; y mirarán a mí, a quien traspasaron, y llorarán como se llora por hijo unigénito, afligiéndose por él como quien se aflige por el primogénito. (Zacarías 12:10)

Paralelo en el Nuevo Testamento

He aquí que viene con las nubes, y todo ojo le verá, y los que le traspasaron; y todos los linajes de la tierra harán lamentación por él. (Apocalipsis 1:7)

EL MESÍAS VOLVERÁ AL MONTE DE LOS OLIVOS

Profecía

Después saldrá Jehová y peleará con aquellas naciones, como peleó en el día de la batalla. Y se afirmarán sus pies en aquel día sobre el monte de los Olivos, que está en frente de Jerusalén al oriente... (Zacarías 14:3-4)

Paralelo en el Nuevo Testamento

Varones galileos, ¿por qué estáis mirando al cielo? Este mismo Jesús, que ha sido tomado de vosotros al cielo, así vendrá como le habéis visto ir al cielo. Entonces volvieron a Jerusalén desde el monte que se llama del Olivar... (Hechos 1:11-12)

EL MESÍAS REGRESARÁ CON LOS SANTOS

Profecía

...y vendrá Jehová mi Dios, y con él todos los santos. (Zacarías 14:5)

Paralelo en el Nuevo Testamento

Apéndice: Las profecías mesiánicas

He aquí vino el Señor con sus santas decenas de millares (Judas 14. "Santos" en la Biblia quiere decir los creyentes en el Señor)

LOS TRANSGRESORES SE ESCONDEN DELANTE DE LA VENIDA DEL SEÑOR

Profecía

Aquel día arrojará el hombre a los topos y murciélagos sus ídolos ... y se meterá en las hendiduras de las rocas y en las cavernas de las peñas, por la presencia formidable de Jehová, y por el resplandor de su majestad, cuando se levante para castigar la tierra. (Isaías 2:20-21)

Paralelo en el Nuevo Testamento

Y los reyes de la tierra, y los grandes, los ricos, los capitanes, los poderosos, y todo siervo y todo libre, se esconderán en las cuevas y entre las peñas de los montes; y decían a los montes y a las peñas: Caed sobre nosotros, y escondednos del rostro de aquel que está sentado sobre el trono, y de la ira del Cordero ... (Apocalipsis 6:15-16)

EL SEÑOR ESTABLECE JUSTICIA Y PAZ EN LA TIERRA. SATANÁS ATADO PARA NO PODER ENGAÑAR A LAS NACIONES

Profecía

Acontecerá en lo postrero de los tiempos, que será confirmado el monte de la casa de Jehová como cabeza de los montes, y será exaltado sobre los collados, y correrán a él todas las naciones. Y vendrán muchos pueblos, y dirán: Venid, y subamos al monte de Jehová, a la cada del Dios de Jacob; y nos enseñará sus caminos, y caminaremos por sus sendas. Porque de Sion saldrá la ley, y de Jerusalén la palabra de Jehová. Y juzgará entre las naciones, y responderá a muchos pueblos; y volverán sus espadas en rejas de arado, y sus lanzas en hoces; no alzará espada nación contra nación, ni se adiestrarán más para la guerra. (Isaías 2:2-4)

Paralelo en el Nuevo Testamento

Vi a un ángel que descendía del cielo, con la llave del abismo, y una gran cadena en la mano. Y prendió al dragón, la serpiente antigua, que es el diablo y Satanás, lo ató por mil años... para que no engañase más a las naciones... Bienaventurado y santo el que tiene parte en la primera resurrección; la segunda muerte no tiene potestad sobre éstos, sino que serán sacerdotes de Dios y de Cristo, y reinarán con el mil años. (Apocalipsis 20:1-3, 6)

EN MEDIO DE LAS NACIONES, ISRAEL SERÁ SALVO Y BENDECIDO DEL SEÑOR

Profecía

En aquel tiempo Israel será tercero con Egipto y con Asiria para bendición en medio de la tierra; porque Jehová de los ejércitos los bendecirá diciendo: Bendito el pueblo mío Egipto, y el asirio obra de mis manos, e Israel mi heredad. (Isaías 19:24-25)

Paralelo en el Nuevo Testamento

Y luego todo Israel será salvo, como está escrito: Vendrá de Sion el Libertador, que apartará de Jacob la impiedad. Y éste será mi pacto con ellos, cuando yo quite sus pecados. (Romanos 11:26-27)

Apéndice: Las profecías mesiánicas

DESPUÉS DEL REINO DEL MILENIO DEL MESÍAS EN LA TIERRA, DIOS CREARÁ NUEVOS CIELOS Y NUEVA TIERRA

Profecía

Porque como los cielos nuevos y la nueva tierra que yo hago permanecerán delante de mí, dice Jehová, así permanecerá vuestra descendencia y vuestro nombre. (Isaías 66:22)

Paralelo en el Nuevo Testamento

Vi un cielo nuevo y una tierra nueva; porque el primer cielo y la primera tierra pasaron... Y oí una gran voz del cielo que decía: He aquí el tabernáculo de Dios con los hombres, y el morará con ellos; y ellos serán su pueblo, y Dios mismo estará con ellos como su Dios. (Apocalipsis 21:1-3)

NOTAS FINALES:

Notas finales sin traducir*
Capítulo 2/ ¿Quién mató a Jesús?
1. John Chrysostom (c. 349-407), author of "Homilae Adversus Iudaeos" ("Homilies Against the Jews") was the Archbishop of Constantinople. His anti-Semitic writings have influenced many over the centuries.

2. Pope Innocent III, "Letter to the Count of Nevers" (1209); cited in Solomon Grayzel's *The Church and the Jews in the XIIIth Century: A study of their relations during the years 1198-1254, based on the papal letters and the conciliar decrees of the period* (New York, NY: Hermon Press, revised edition, 1966), p. 127.

3. Martin Luther (1483-1546), who wrote *Concerning the Jews and Their Lies*, was a key figure in the German Reformation.

Capítulo 3/ Desde la noche
1. Elie Wiesel, *Night* (New York, NY: Bantam books, 1982 edition), pp. 30-32.
2. Ibid., p. 64.
3. Elie Wiesel, *Night* (Hill and Wang, 1959, First Edition), Foreword, pp. 7-8.
4. Friedrich Nietzsche, *The Antichrist* (1990 Penguin edition which includes both *Twilight of Idols* and *Anti-Christ*; 2003 printing; Kindle version), p. 140.
5. Ibid., p. .140.
6. Ibid., p. 127.
7. Ibid., p. 130.
8. Louis L. Snyder, *Hitler and Nazism* (New York, NY: Bantam Doubleday Dell Publishing Group, Bantam Edition, 1967), p. 87.
9. Ibid., p. 90.
10. Ibid., p. 91.
11. André Schwartz-Bart, *The Last of the Just* (New York, NY: The Overlook Press, U.S.A. Edition, 2000; first published in 1960), pp. 157, 159.
12. Baal Shem Tov—"Master of the Good Name," the title given to Israel ben Eliezer (1698-1760), the founder of the Hasidim movement.
13. Andre Schwartz-Bart, *The Last of the Just*, op. cit., p. 213.
14. Ibid., p. 213.

Capítulo 4/ Entonces, ¿qué del Mesías?
*Los nombres de títulos y de autores no han sido traducidos en esta sección, debido a que éstos pueden variar mucho entre el inglés y su traducción literal al español. A causa de los constantes cambios en la internet, los websites anotados aquí también pueden cambiarse.

1. Prayer quoted in *Atlas of Jewish History* by Martin Gilbert (Dorset Press, Third Edition, 1985), p. 53.

2. Lubavitch is a Hassidic Jewish Orthodox movement which has been very active in promoting the hope of the coming Messiah under the influence of its late leader, Rabbi Menachem Schneerson, also known as The Lubavitcher Rebbe. When he died in 1994, some of his followers put forward the view that he himself was the Messiah and that he would return (i.e. rise again from the dead!). This view is a minority view and is strongly contested by mainstream opinion in Judaism today.

3. Maimonides Hilchos Melachim 11:1 and 4 from the Mishneh Torah. Taken from The Laws concerning Mashiach produced by Lubavitch.

4. Ibid.

5. This section is taken from a section of Maimonides' Mishneh Torah (Hilchos Melachim 11:4) which was deleted from most of the editions published since the Venice edition of 1574 as a result of censorship by the Roman Catholic Church.

6. "Ask the Rabbi" column from the *Jewish Chronicle*.

7. Lubavitch is active in reaching out to Jewish people on the streets of Jewish areas and passes out leaflets about their beliefs from their headquarters in Stamford Hill, London. These quotations are taken from such leaflets.

8. Advertisement in the *Jerusalem Post* (31/8/91).

9. Rabbi Meir Simcha Sokolovsky, *Prophecy and Providence: The Fulfillment of Torah Prophecies in the Course of Jewish History* (Nanuet, NY: Feldheim Publishers, First Edition, September 1991), p. 197.

10. Ibid., p. 195.
11. Ibid., p. 193.
12. Ibid., .p 191.
13. Sanhedrin 98a.
14. Ibid.

Capítulo 5/ El Mesías: ¿Un gran hombre o una persona divina?

1. Aryeh Kaplan, *The Real Messiah: A Jewish Response to Missionaries*, (New York, NY: OUNCSY Publications, New Edition, 1985, eleventh printing 2013), p. 27.

2. David Berger, *The Rebbe, the Messiah and the Scandal of Orthodox Indifference* (The Littman Library of Jewish Civilization, 1st edition, September 1, 2001), p. 14.

3. Used with permission from Messianic Vision.

4. Exodus 23:19: "You shall not boil a young goat in its mother's milk" is interpreted by rabbinic Judaism to mean that you should not eat milk and meat in the same meal.

5. The name of God is considered too holy to pronounce and is therefore spoken as "Adonai," meaning the Lord, in Jewish worship. It is not known how the four letters of God's name recorded in the Bible should be pronounced. Modern variations are Jehovah and Yahweh.

6. Sohar, Gen. versa (Amsterdam Edition) p. 15.

Notas finales

7. Hirsch Prinz (aka: Christian William Henry Pauli and Tzvi Nassi), *The Great Mystery: How Can Three Be One?* (Yanetz Ltd., 2nd edition, 1974; manuscript online at: https://play.google.com/books/reader?id=UYkEAAAAQAAJ&printsec=-frontcover&output=reader&hl=en&pg=GBS.PR1), pp. 27-28.
8. Ibid., p. 32.
9. Ibid., p. 56.
10. Ibid., p 58.
11. Ibid., p. 57-60.
12. Ibid., p 61.
13. Ibid.
14. Ibid., p. 85; quoting "Tikunei Ha Zohar" cap. 67, page 130.

Capítulo 6/ ¿Podemos creer en el nacimiento virginal?
1. Debate put on by London L'Chaim Society January 19, 1998.
2. Arnold Fruchtenbaum, *Messianic Christology* (San Antonio, TX: Ariel Ministries, June 1, 1998), pp. 35-37.
3. Ibid., pp. 36-37.
4. Jerusalem Talmud, Chagigah 2:4, Sanhedrin 23:3, Babylonian Talmud, Sanhedrin 44:2.

Capítulo 7/ El siervo sufriente
1. Arnold Fruchtenbaum, *Messianic Christology,* op. cit., p. 54.
2. A.D. Neubauer and S.R. Driver, *The Fifty-Third Chapter of Isaiah According to the Jewish Interpreters* (Skokie,IL: Varda Books, 2005), p. 5.
3. Dr. A. Th. Philips, *Prayer Book for the Day of Atonement* (New York, NY: Hebrew Publishing Company, 1931) p. 239.
4. *The Fifty-Third Chapter of Isaiah According to the Jewish Interpreters,* op. cit., pp. lxiii, 114.
5. Ibid., p. 258.
6. Ibid., p. 386.

Capítulo 8/ "Veré la sangre"
1. Berachot 55a.
2. Berachot 12b.
3. Moses Maimonides, Mishneh Torah, Laws of Repentance, 1:3, 2.1, 9-10.

Capítulo 9/La caída del Segundo Templo
1. The Temple Mount Faithful is a religious Zionist movement that believes the Jewish Temple should be rebuilt on its ancient site, now occupied by the Muslim Dome of the Rock Mosque. Followers are preparing vessels to be used in the rebuilt Temple and are training men of the priestly line (Cohens) to offer the animal sacrifices.
2. The Menorah is the seven-branched candlestick placed in the Tabernacle in

the Wilderness and in the Temple. When the Romans destroyed the Temple in 70 AD, they took its treasures to Rome in triumph. The Arch of Titus in Rome depicts the Menorah being carried off.

3. Rabbi Ken Spiro, "Crash Course in Jewish History Part 35—Destruction of the Temple" (http://www.aish.com/jl/h/cc/48944036.html).

4. Mitch and Zhava Glaser, *The Fall Feasts of Israel* (Chicago, IL: Moody Press, 1987, Kindle edition), Kindle location 1585-1610.

5. Ibid., Kindle location 1595.

6. Rachmiel Frydland, *When Being Jewish Was a Crime* (Messianic Publishing Co., 2nd edition, 1998), pp. 71-73.

Capítulo 10/ No paz, no Mesías

1. Aryeh Kaplan, *The Real Messiah?*, op. cit., p. 71.

2. *Operation Judaism Fact Pack* compiled by Rabbi S Arkush; pp. 13-15.

3. Rabbi Alshech lived in Safed in Upper Galilee in the second half of the 16th century. This passage is quoted in *The Suffering Servant of Isaiah According to the Jewish Interpretations* by Samuel R. Driver and Adolf Neubauer (New York, NY: Hermon Press,1877, Reprint 1969), p. 258.

4. David Baron, *Visions and Prophecies of Zechariah* (Originally published by Morgan & Scott, LTD, 1918, Kindle edition), p. 329, Kindle location 6414.

5. Ibid., p. 328, Kindle location 6404. David Baron (1855-1926) was a notable Hebrew Christian who founded the Hebrew Christian Testimony to Israel in 1893 and was the author of a number of books, showing the significance of Messianic prophecy and its fulfilment in Jesus the Messiah. These include *Rays of Messiah's Glory, Types, Psalms and Prophecies*, and *Visions and Prophecies of Zechariah*.

6. Sukkot 52a.

7. Sanhedrin 98a.

8. See endnote #7, chapter four.

9. Rabbi Arye Forta in L'Eylah, "The New Christian Missions to the Jews—How should we respond?" (*A Journal of Judaism Today*, published by the Office of the Chief Rabbi, Issue 25), p. 22.

10. Rachmiel Frydland, "Rabbis Speak About Messiah" (Zion Messianic Fellowship, http://www.zmf.org/teachings/?action=articles&article=Rabbis%20Speak%20About%20Messiah).

Capítulo 11/ ¿Es la Torá el puente a Dios?

1. Torah in Judaism means more than just the five books of Moses that make up the Pentateuch in the Bible. The word literally means "teaching" rather than "law," and it has come to mean the whole of Jewish teaching to be found in the Written and the Oral Torah. According to Rabbi Louis Jacobs, this includes "the later applications and deeper understanding of these down to the present day, so that Torah is synonymous with the Jewish religion"; quoted from *The Jewish Reli-*

gion—a Companion, p. 562.

2. Emanuel Feldman, *On Judaism: Conversations on Being Jewish in Today's World* (Brooklyn, NY: Shaar Press, 1994, Third Impression, 2003), p. 103.

3. Rabbi Simmons, "ABCs of Shavuot" (http://www.aish.com/h/sh/t/48959111.html?s=srcon).

4. Rabbi Simmons, "Necessity of Oral Law" (Aish ha Torah's Discovery Seminar, http://www.aish.com/atr/Necessity_of_Oral_Law.html).

5. Rabbi Kaplan, "The Oral Tradition" (Aish website: http://www.aish.com/jl/b/ol/48943186.html).

6. The 613 Commandments (Aish website: http://www.aish.com/h/sh/se/48945081.html?s=srcon).

7. Dr. Daniel Grubner, "Objections Based on Traditional Judaism"

8. Rabbi Dr. I. Epstein, editor, *The Babylonian Talmud* (London: Soncino Press, 1935), Aboth I,1 n.7 Cf. Pes. 2b, Er.100b, and Sanh.46a.

9. "A Fence Around the Torah" (http://www.elijahnet.net/A%20FENCE%20AROUND%20THE%20TORAH.html), ciiting Pesachim 2b.

10. Rabbi Gil Student, "The Oral Law" (2001, http://www.aishdas.org/student/oral.htm).

11. Herbert Danby, *The Mishnah: Translated from the Hebrew with Introduction and Brief Explanatory Notes* (Peabody, MA: Hendrickson Publishers, 1933, First Hendrickson Softcover Edition, November 2011), p. 106.

12. Antiquities 13: 297.

13. Albert Baumgarten, "The Pharisaic Paradosis" (*Harvard Theological Review*, 1987, http://www.jstor.org/stable/1509655), p 63.

14. Rabbi Aryeh Kaplan, *The Handbook of Jewish Thought* (Moznaim Pub. Corp., 1st edition, June 1, 1990); taken from http://www.aish.com/jl/m/pm/48936762.html.

15. Rabbi Arian, "Rabban Yohanan ben Zakkai and the New Paradigm" (December 29, 2011, http://rabbiarian.blogspot.co.uk/2011/12/rabban-yohanan-ben.html).

16. Arnold Fruchtenbaum, "The Law of Moses and the Law of Messiah" (*Ariel Ministries Digital Press*, MBS 006, http://www.arielm.org/dcs/pdf/mbs006m.pdf), pp. 8-12.

Capítulo 12/ El Mesías y los últimos días

1. Rabbi Pinchas Winston, "Moshiach and the World Today" (Aish website, June 23, 2001, http://www.aish.com/jw/s/48883092.html).

2. Mark Twain, *The Innocents Abroad* (1869, public domain), pp. 273-274.

3. President Rivlin addresses opening of the Winter Session of the 20th Knesset (Israel Ministry of Foreign Affairs, October 12, 2015, http://mfa.gov.il/MFA/PressRoom/2015/Pages/President-Rivlin-addresses-the-opening-of-the-Winter-Session-of-the-20th-Knesset-12-October-2015.aspx).

4. Adam Eliyahu Berkowitz, "Prominent Rabbis Sternbuch, Amar Hint that the Messiah is 'Just Around the Corner'" (*Breaking Israel News*, December 9, 2015, https://www.breakingisraelnews.com/55777/turkeysyria-conflict-unfolding-prominent-rabbis-hint-messiah-around-corner-jewish-world/#xl8oXf5ubvpOdrkT.99).

5. https://israel365.com/store.

6. Rabbi Pinchas Winston, *Survival Guide for the End of Days* (https://www.israel365.com/2015/06/survival-guide-for-the-end-of-days/).

7. https://www.israel365.com/store/books/not-just-another-scenario-2/#ZHiC3x7ckMBAQ1tF.99.

8. Dr. Rivkah Lambert Adler, "Do Putin's Actions in Syria Fulfill the Prophecy of Ezekiel Regarding Gog and Magog?" (*Breaking Israel News*, October 14, 2015, https://www.breakingisraelnews.com/51078/do-putins-actions-in-syria-fulfill-the-prophecy-of-ezekiel-regarding-gog-and-magog-middle-east/#70u484GA1MgDWD1V.99).

9. Roy Neuberger, *Working Towards Moshiach* (Messiah) (Philipp Feldheim, September 1, 2015); taken from the book description: https://www.israel365.com/store/books/working-toward-moshiach).

10. Jerusalem Post staff, "Abbas Gives Victory Speech in Ramallah: 'We have a state now.'" (*Jerusalem Post*, December 2, 2012, http://www.jpost.com/printarticle.aspx?id=294280).

11. Aryeh Kaplan, *The Real Messiah?*, op. cit., p. 83.

12. Ibid., p. 83.

13. Ibid., p. 89; taken from *Netzach Yisroel* No. 36. Cf. *Sanhedrin* 98b and Cf. *Emunos VeDeyos* 8:6.

14. Ibid., p. 91, citing *Yad,Melachim* 11:3,*Yeshuos Meshicho* No.3,p.45 ff.,*Lekutey Tshuvos Chasam Sofer* No.98.

15. Ibid., p. 91.

16. Ibid., p. 92.

17. Ibid.

18. Ibid., p. 95.

RECONOCIMIENTO DE FOTOS:

Carátula/3 fotos: bigstockphoto.com ; utilizadas con permiso; diseño de carátula: Light for the Last Days

Página 8 Dominio público

Página 12 Judíos ortodoxos bailando en la Pared Occidental en Jerusalén en 2015; de bigstockphoto.com; utilizada con permiso

Página 26 Ambas fotos de United States Holocaust Memorial Museum; utilizada con permiso

Página 55 Por Raphael, "Prophet Abraham and the Three Angels"; dominio público

Para pedir copias adicionales de: *El factor del Mesías*
Favor de enviar $14.95 para cada libro, mas costo del envío a:
Lighthouse Trails Publishing
P.O. Box 908
Eureka, MT 59917
(Dentro de EE.UU., costo de envío es $3.95 USD por libro;
$5.25/2-3 libros; $10.95/4-20 libros)

También puede comprar libros de Lighthouse Trails de
www.lighthousetrails.com.
Para una lista completa de todos los recursos de Lighthouse Trails, puede pedir un catálogo gratis.

Para copias en cantidad de 10 o más copias
(con un 40% de descuento) favor contactar
Lighthouse Trails Publishing por teléfono, correo electrónico o llamar nuestra línea de pedidos: 866-876-3910 | También 406-889-3610
Fax 406-889-3633

El factor del Mesías y otros libros por la editorial Lighthouse Trails Publishing, pueden pedirse de las librerías principales de cadena de EE.UU., de librerías cristianas y librerías por internet.
Las librerías pueden hacer sus pedidos a Ingram, SpringArbor, directamente a través de Lighthouse Trails.
Favor visitar nuestro website de investigación en el
www.lighthousetrailsresearch.com.

Puede visitar el website del autor a:
https// lightforthelastdays.co.uk
Puede contactar al autor a;
Tony Pearce
Light for the Last Days
BM 4226
Londres WCIN 3XX

Para pedir El factor del Mesías en el Reino Unido Favor de contactar la dirección de Londres dada arriba. Para pedidos en el R.U., favor de escribir su cheque a nombre de: "Light for the Last Days" y esperar llegada del libro en 15 días.

www.ingramcontent.com/pod-product-compliance
Lightning Source LLC
LaVergne TN
LVHW020928090426
835512LV00020B/3265